自然拼读全攻略
全面解析与教学实践

斑马教研中心 著

版权所有，侵权必究。举报：010-62782989，beiqinquan@tup.tsinghua.edu.cn。

图书在版编目（CIP）数据

自然拼读全攻略：全面解析与教学实践 / 斑马教研中心著. —北京：清华大学出版社，2023.12
ISBN 978-7-302-64906-9

Ⅰ.①自… Ⅱ.①斑… Ⅲ.①英语—儿童教育—教学研究 Ⅳ.①H319

中国国家版本馆CIP数据核字（2023）第223421号

责任编辑：	李益倩
封面设计：	杨玉萍
责任校对：	赵琳爽
责任印制：	杨　艳

出版发行：清华大学出版社
　　　　　网　　址：https://www.tup.com.cn，https://www.wqxuetang.com
　　　　　地　　址：北京清华大学学研大厦A座　邮　　编：100084
　　　　　社 总 机：010-83470000　　　　　　　邮　　购：010-62786544
　　　　　投稿与读者服务：010-62776969，c-service@tup.tsinghua.edu.cn
　　　　　质量反馈：010-62772015，zhiliang@tup.tsinghua.edu.cn
印 装 者：小森印刷（北京）有限公司
经　　销：全国新华书店
开　　本：140mm×210mm　　印　张：8.625　　字　数：156千字
版　　次：2023年12月第1版　　　　　　　　　印　次：2023年12月第1次印刷
定　　价：59.00元

产品编号：103759-01

前　言

　　本书是由斑马教研中心编写的自然拼读教学内容全面研究手册。针对目前国内普遍存在的对自然拼读教学认知不充足、自然拼读教学内容与顺序说法不一、权威参考较少的现象，本书通过系统调查，在介绍自然拼读法发展历程、教学方法分类、教学内容及顺序的基础上，详细分析了自然拼读在美国、英国及其他广泛使用英语的国家的教学情况并对自然拼读教学方法进行了综述和分析。本书服务于启蒙英语教育，旨在对自然拼读体系进行综合分析，并为学者、教师等提供系统、科学的自然拼读教学指导。

　　自然拼读法的英文是"phonics"，它是英语国家在儿童早期语言教学中普遍使用的一种教学方法。通过直接建立起字母与其发音之间的关系，自然拼读法为英语初学者掌握英语发音规则、增强语音意识并最终实现自主阅读提供了简单且具体的教学指导。此外，在英语初学阶段，培养正确的发音习惯、坚持纯正的英语输入对儿童习得语言也至关重要。斑马教研中心在对国内小学英语教材教学音频及中高考英语听力题口音选取的调查中发现，相较标准英音，通用美音在我国中小学各级英语教材及考试中应用更广泛，受众群体更大，且接受度、认可度普遍较高，因此本书在提供自然拼读字母及字母组合发音示例时，将使用通用美音作为发音参考标准，使用美式音标[1]作为主要标注，为读者提供纯正的通用美音的自然拼读教学指导。

本书第一至第三章首先介绍了通用美音，并对其使用国家及认可度进行了详细调查及综述，随后介绍了通用美音在中国的使用情况并阐述了使用通用美音作为本书发音参考的合理性及科学性。第四章综合阐述了自然拼读的发展历史、教学方法分类、各国使用情况及一些常见疑问。第五章是本书的主要内容，在概括自然拼读体系教学顺序的基础上，对每一教学内容分类下包含的字母及字母组合做出详细的发音指导，并辅以美音发音视频、口型图及示例单词，以生动有趣、科学严谨的方式对自然拼读教学内容进行讲解。第六章以一个自然拼读课程设计个案为例，为教育者提供自然拼读教学建议。此外，还附有自然拼读的韵律儿歌，培养读者的语感。自然拼读教学方法众多，每个人对自然拼读教学顺序理解不同，敬请广大读者提出宝贵意见，以便再版时完善。

1　美式音标是约翰·凯尼恩和托马斯·克诺特根据国际音标所编写的《美式英语发音辞典》里所用的音标符号。

目 录

第一章　通用美音　/ 1

　　第一节　通用美音简介　/ 2

　　第二节　通用美音使用地区　/ 4

第二章　通用美音在美国本土及世界其他国家的认可度　/ 7

　　第一节　美国本土　/ 8

　　　　一、整体态度　/ 8

　　　　二、在美国媒体中的使用情况　/ 9

　　　　三、在美国普及的原因　/ 10

　　第二节　其他国家　/ 12

第三章 通用美音在中国的使用情况 / 15

第一节 小学英语教材教学音频口音及音标调查 / 16

第二节 中考英语听力口音调查 / 21

第三节 高考英语听力口音调查 / 22

第四章 自然拼读法 / 23

第一节 自然拼读法简介 / 24

第二节 自然拼读法发展历史 / 26

第三节 自然拼读教学方法分类 / 28
  一、合成法 / 28
  二、分析法 / 30
  三、自然拼读教学方法比较 / 31

第四节 自然拼读在国际上的使用情况 / 33
  一、美国 / 33
  二、加拿大 / 35
  三、芬兰 / 35
  四、法国 / 35

五、新加坡　/ 36

　　　六、日本　/ 36

　第五节　自然拼读相关疑问　/ 38

　　　一、自然拼读和拼音　/ 38

　　　二、自然拼读法与音标认读法　/ 40

　　　三、自然拼读与单词积累　/ 41

　　　四、中国学生共有的英语发音问题　/ 42

　　　五、自然拼读学习过程中的易错字母及组合　/ 44

　　　六、自然拼读的学习内容和顺序　/ 48

第五章　自然拼读教学内容及顺序　/ 49

　第一节　自然拼读教学内容　/ 50

　　　一、辅音　/ 50

　　　二、复合辅音　/ 50

　　　三、混合辅音　/ 51

　　　四、短元音　/ 52

　　　五、长元音　/ 52

　　　六、带有"r"的元音　/ 53

　　　七、复合元音　/ 54

　　　八、混合元音　/ 54

第二节　自然拼读教学顺序　/ 56

　　一、辅音　/ 56

　　二、复合辅音　/ 92

　　三、混合辅音　/ 108

　　四、短元音　/ 133

　　五、长元音　/ 141

　　六、带有"r"的元音　/ 165

　　七、复合元音　/ 181

　　八、混合元音　/ 189

第六章　结语　/ 195

第一节　自然拼读教学建议　/ 196

第二节　自然拼读的应用与实践　/ 201

　　一、大纲设计　/ 202

　　二、课程设计　/ 204

　　三、自然拼读儿歌　/ 207

　　四、自然拼读练习　/ 256

　　五、用户数据　/ 259

附录　名词解释　/ 263

参考文献　/ 265

第一章

通用美音

第一节　通用美音简介

通用美音被认为是美式英语的一种标准化口音。该术语是由语言学家约翰·凯尼恩在 1930 年提出，用来代指美国北方英语。发展至今，通用美音已成为一种概称，包括多种美式英语的语言变体，如中北部方言、新英格兰方言等[1]。总体而言，它起源于美国北部与东岸，是纽约市及新英格兰地区的方言经过标准统一化之后形成的。现代语言学研究认为，这套语音系统与美国北方及中西部的口音最为接近，现今在美国各地均有使用者。虽然仍存在争议，但一般来说这个口音系统被认为代表了最纯正的美式英语，是美式英语的标准语，因此也被称为标准美式英语（Standard American English）。

在美国，现在通常被认为属于使用通用美音地理范畴的是美国西部、新英格兰西部和北米德兰（北部、中部地区），横跨俄亥俄州中部、印第安纳州中部、伊利诺伊州中部、密苏里州北部、爱荷华州南部和内布拉斯加州东南部。从社会阶层来看，美国受过高等教育的人群也是通用美音的主要使用者。在加拿大境内魁北克以西地区使用的所有加拿大英语口音也属于通用美音，尽

1　有很多学者以直观的形式呈现了通用美语区不同方言的具体差异。托马斯·摩尔·戴夫林以美国中西部地区的几种细分口音为例，直观地呈现了它们的区别。

管该地区元音的升调特点和某些新发展的特征使其与标准美国口音有所不同。威廉·拉博夫等人指出，美国西部、中部地区和加拿大魁北克以西地区三个口音区域共享通用美音的发音特征，它们融合形成了理想的通用美音口音。

第二节　通用美音使用地区

美式英语方言大体可以划分为三类：北部通用方言、中部方言及南部方言。其中，北部通用方言又被称为通用美音，美国超三分之一的地区都在使用这种方言。作为通用美音的方言来源，北部通用方言所具有的特点，即通用美音区别于标准英音的主要发音特征如表1-1所示：

表1-1　通用美音发音特征

类别	名称	特征	例子
辅音	/r/ 卷舌音	饱满发出所有 /r/ 音	car 发 /kɑr/ 而不是 /kɑ/
	/t/ 紧喉音	音素 /t/ 发音的喉音化	mountain 发 /ˈmaʊʔən/ 而不是 /ˈmaʊtən/
	/t/、/d/ 闪音	在两个元音中间的音素 /t/、/d/ 弹舌	metal 和 medal 发音近似（metal 和 medal 中 /t/ 与 /d/ 在通用美式英语中发音几乎一致，用的是同样的国际音标 /d/ 标注）
	/l/ 软腭音	音素 /l/ 软腭协同发音	filling 发 /ˈfɪlɪŋ/ 而不是 /ˈfɪlɪŋ/
	/j/ 舍弃	当音素 /j/ 出现在单词首音节时，省略 /j/ 音	new 发 /nu/ 而不是 /nju/
元音	弱元音同化	/ə/ 和非重读 /ɪ/ 发音相同	非重读的 effect 和 affect 发音相同

不同于北部通用方言，中部方言直到近几十年才被主流观点看作一种独立的方言。在很长一段时间里，中北部和中南部方言

被认为分属北部通用方言和南部方言,并被视为南北之间的方言过渡带。目前,中部方言区包含的地域有:宾夕法尼亚、阿巴拉契亚山脉、奥索克山区、阿巴拉契亚南部地区及大烟山地区。因中部方言区在地形上多为山区,交通闭塞,沟通较为不畅,因此该区方言的发音、词汇和语法仍留存了一些古老的特征。例如:

在语音方面,中部方言和通用美音的区别在于元音,尤其是双元音的发音。相较通用美音,中部方言发音时口腔会开得更小一点儿,导致口腔内肌肉用力点更向后一些(比如典型的"cot-caught 合并"现象;"on"的发音在通用美音里是 /ɑn/,但在中部方言里则偏向于 /ɔn/)。另外,中部方言会把卷舌音发得更明显一些,比如"wash"在通用美音里的音标是 /wɑʃ/,在中部方言里则倾向于发成 /wɔrʃ/。

在词汇方面,中部地区的一些用词和其他地区亦有区别,比如"汽水"一词,绝大部分中部地区会用"pop"一词(如堪萨斯州、内布拉斯加州、爱荷华州、密苏里州西部、伊利诺伊州北部、俄克拉荷马州东北部、印第安纳州北部、俄亥俄州和宾夕法尼亚州),但有少部分地区会用"soda"(密苏里州东部和伊利诺伊州南部)或者"coke"(印第安纳波利斯市区、印第安纳州西南部和俄克拉荷马城市区)。

在语法方面,中部方言一个典型的语法现象是经常使用"need+ 过去分词"的搭配表达"need+ 被动语态"的意思,比如

"The car needs to be washed."在中部方言中的习惯表达是"The car needs washed."。

  部分语言学家认为，美国方言的南北差异也受到了南北战争的影响。由于美国内战期间南部地区宣称自成独立国家，且南部地区的发音在内部有较高的统一性，整体和北部地区发音有较大差异，因此南部方言区的范围与南北战争期间脱离北方联邦的南部邦联各州边界一致。此外，南北地区内部也存在文化差异。由于南部地区主要是农业区，人口流动较少，因此，其方言比北部地区的方言更统一，边界也更清晰。受早期法国统治和奴隶贸易的影响，法语和被贩卖到美国南部做奴隶的非洲移民所说的非洲语言对南部方言的形成产生了重要影响。南部地区人说话往往比北部地区人慢，也就是著名的"慢吞吞的拉长调子的语气"。例如，将"i"发为/ah/而不是/ai/，"my"发成/ma/而不是/maɪ/；将"o"发为/yo/而不是/o/。

第二章

通用美音在美国本土及世界其他国家的认可度

第一节　美国本土

一、整体态度

"标准美音"或者"通用美音"一词在美国本土较有争议。英语语言学者威廉·A.克雷茨马尔在其 2004 年的一篇文章中解释说,"通用美音"一词是指"一种假定的美国英语中最常见或'默认'的形式,尤其与明显的地区性语言如南方方言区别开来"。而"标准美音"的出现也是刻意压制地区口音的结果,因为某些地区口音受地区经济发展程度的影响而经常遭到"污名化"。例如,由于南方地区的经济情况普遍不如北方地区,南方方言中的用词习惯、口音会给人留下"淳朴""不够标准"的印象,而相对的北方口音则会给人一种"标准""高贵"的感觉。

由于使用"通用"一词来概括某种美国方言可能暗示特权和偏见,因此克雷茨马尔使用"标准美音"这个词来代替"通用美音"的说法,他将其定义为"在正规教育系统中受过良好教育的说话者使用的"美式英语发音。但他同时指出,这种口音在美国各地也存在各种各样的变体,不同地区的"标准美音"也有所差异,不同说话者之间也存在个人差异。另外,他所使用的术语"标准"同样面临被解释为暗示一种"上乘"或"最佳"发音方式的问题。至今,"通用美音"与"标准美音"两种术语在使用上的争端也尚未解决。

　　现代语言学者将"通用美音"或"标准美音"视作一种单一且统一化的口音,也可称为标准化的英语形式。美国人认为明显带有地区发音特征的词能反映说话人的区域性出身、种族或社会经济地位,因此目前"通用美音"或"标准美音"被用于指代缺少明显地区发音特征的美国英语口音。但不可否认的是,这类口音体系中仍存有一些细微的地区间差异。尽管"通用美音"一词的定义略显含糊不清,且因其不断演变、引起混淆而不被一些语言学家认可,但学界在将基准"典型"美国英语口音与周围其他英语口音进行比较时,仍主要使用这一术语进行指代。因此,本书为避免术语混淆为读者带来理解上的困难,也统一使用"通用美音"这一术语。

二、在美国媒体中的使用情况

　　从 20 世纪 30 年代开始,美国全国性的无线电广播纷纷开始以美国北部一种将"r"音充分发出的口音作为"通用美音"的发音标准。同样,从 20 世纪 40 年代开始,娱乐业主要采用的口音也从20世纪30年代末的不发"r"音的口音转变成发"r"音的口音,变得更接近"通用美音"。当时,此项转变是出于爱国主义的动机,因为政府希望能在电视和广播中使用美国"心脏地带"[1]的发音标准。

因此,"通用美音"常与北美广播和电视播音员的演讲口音相关联,并在其行业中享有很高的声望,有时被称为"广播英语""网络英语"或"网络标准口音"。因此,美国主流媒体及广播电台如美国之声、美国有线电视新闻网、美国国家公共广播电台等均使用通用美音作为其新闻播报的标准口音。

三、在美国普及的原因

语言学家为通用美音在美国各地的流行提出了多种解释,大多数影响因素都集中出现在 20 世纪上半叶。第一个因素是由于广播技术的发展和无线电技术的普及,大城市广泛设立了广播电台。由于当时的广播电台总部大都设在纽约,所以纽约电台主持人的口音也随着广播传遍了全国,因此美国东北部地区使用较为广泛的"通用美音"也就成了具有代表性的、标准化的美语语音。尽管基本的通用美国发音系统在 20 世纪之前就已经存在,但对比其他需要更多时间进行语言更迭的地区所使用的方言(如英格兰的英语方言或德国的德语方言),大多数美国英语方言间的

---

1 Middle America,常译作"(美国的)心脏地带"。在地理上,指美国中西部地区。

发音差异很小。

第二个因素是 20 世纪美国社会主要人口的变化。郊区化程度的提高导致不同社会阶层间的融合减少，语言互动的频率和多样性也因此降低，富裕的和受过高等教育的美国人越来越倾向于只与同阶级人群进行沟通。他们认为，受过高等教育的美国人讲话不应该具有地方口音，这一观念逐渐固化，并被人们广泛接受。因此，通用美音的形成也得益于正规教育体系中受过良好教育的人群对地方口音的压制。

第三个因素是美国内战后的快速工业化。在这一时期，五大湖区移民的数量增加且流动性提高。他们中的商业精英于 20 世纪中叶在全美国各地旅行，使得通用美音得到广泛传播。

第四个因素是各种社会力量的驱使。在种族、阶级等因素的影响下，具有社会阶级意识的美国人远离南部的贫穷社区和某些少数族裔。他们开始推崇美国其他地区即西部、中西部和非沿海东北地区所使用的口音，认为这种口音听起来更为"尊贵"。

第二节　其他国家

关于英式和美式英语在其他国家的接受度问题，很多非英语国家的学者也在各自的国家展开了实地调查。研究方向包括英语学习者本身的学习习惯、兴趣取向以及英语教学者的认同感和教学取向。

在中国，关于英语专业大学生对英式和美式英语的态度偏好与其实际口音特点的研究发现，无论学生在心理上更偏向于模仿美式还是英式英语，他们的实际发音都英美音夹杂，在语调上则普遍更偏向美式英语。在被调查的学生中，90%的学生在学习过程中更多接触的是美式英语，他们通过听音与模仿，逐渐形成了自己的美式语调，并愿意主动塑造一种自信和直爽的性格特征。在对英式和美式英语的关注度上，学生更常观看美式发音的影视作品，因此对美式发音模仿较多，对美式英语的认同度也更高。通过调查发现，美式英语发音的模仿者能较好地掌握美式英语的语调，而模仿英式英语的学习者在模仿中出现的错误和偏差较多，不能很好地掌握和运用英式英语的语调。

瑞典学者提欧卡里亚斯2010年对她所在的高中研究时发现，在教学过程中使用标准英音的教师更多，占调查人群的58%。教师们对标准英音和通用美音的态度均较为明确，认为标准英音带有"正式""正确""更智慧"等特点，而通用美音则被描述为"友善""更受年轻人欢迎""更接地气"等。因此在教育环境（比如学校）中，标准英音因其正式、传统的特征而比通用美音更受欢迎。

同样，瑟德隆德和莫迪亚诺于2002年分别对瑞典高中生语音的使用和偏好进行了研究。结果表明，不同于老师，大多数学生使用的是美式英语而不是英式英语。老师们一致认为，学生普遍喜欢通用美音的原因在于，通用美音是他们通过媒体更常接触到的英语口音。

在一项针对71名西班牙大学生进行的英语两种主要口音——标准英音和通用美音的态度调查中，研究者发现，尽管这些被研究者对通用美音的喜好度更高，但在选取自己使用的英语口音上，他们却更希望模仿标准英音，因为这种口音"通常代表使用者有更高的地位和声望"。在西班牙，标准英音和通用美音有天壤之别：标准英音处于较高地位，而通用美音处于较低地位。西班牙英语使用者通常希望模仿英音，这一点与欧洲其他国家的调查结果一致。

第三章

通用美音在中国的使用情况

第一节 小学英语教材教学音频口音及音标调查

以下是关于我国小学主流英语教材中教学音频所采用的英语口音及所选单词音标种类(如有)的调查。由于各教材对教学音频选取口音的信息披露有限,因此研究者通过获取部分配音员的公开信息及听音综合判别的方式得出了如下结果(见表3-1)。

表3-1 我国主流小学教材听力口音和音标

教材版本	子版本	年级	音频	音标
人教版	PEP[1]	三年级	美音为主,混合英音	英式音标
		四年级		
		五年级		
		六年级		
	精通	三年级	美音为主,混合英音	英式音标
		四年级		
		五年级		
		六年级		
	灵通	三年级	美音	无音标
		四年级		
	新起点	一年级	美音为主,混合英音	无音标
		二年级		
		三年级		
		四年级		
		五年级		
		六年级		

---

1 PEP是人民教育出版社出版的一种英语教材的版本,是初等的、小学英语的学生书。

表 3-1　我国主流小学教材听力口音和音标　　续表

教材版本	子版本	年级	音频	音标
苏教版	苏教版	三年级	英音	无音标
		四年级		
		五年级		
		六年级		
	AB（牛津小学英语）	一年级	英音	无音标
		二年级		
		三年级		
		四年级		
		五年级		
		六年级		
北师大版	三年级起点	三年级	美音	无音标
		四年级		
		五年级		
		六年级		
	一年级起点	一年级	美音	无音标
		二年级		
		三年级		
		四年级		
		五年级		
		六年级		
沪教版	牛津上海版	一年级	美音为主，混合英音	无音标
		二年级		
		三年级		
		四年级		
		五年级		
		六年级	英音	无音标

表 3-1　我国主流小学教材听力口音和音标　　续表

教材版本	子版本	年级	音频	音标
沪教版	三年级起点	三年级	英音	无音标
		四年级		
		五年级		
		六年级		
冀教版	一年级起点	一年级	美音	无音标
		二年级		
		三年级		
		四年级		
		五年级		
		六年级		
	三年级起点	三年级	美音	无音标
		四年级		
		五年级		
		六年级		
译林版	译林版	三年级	英音	无音标
		四年级		
		五年级		
		六年级		
外研版	Join In[1]	三年级	英音	无音标
		四年级		
		五年级		
		六年级		

1　教材的英语名字是Join In，是"参与"的意思。

表 3-1　我国主流小学教材听力口音和音标　　续表

教材版本	子版本	年级	音频	音标
外研版	一年级起点	一年级	英音	无音标
		二年级		
		三年级		
		四年级		
		五年级		
		六年级		
外研版	三年级起点	三年级	英音	无音标
		四年级		
		五年级		
		六年级		
教科版	EEC[1]	三年级	美音	无音标
		四年级		
		五年级		
		六年级		
	广州版	三年级	美音为主，混合英音	无音标
		四年级		
		五年级	英音	无音标
		六年级		
深港朗文版	深港朗文版	一年级	英音	无音标
		二年级		
		三年级		
		四年级		
		五年级		
		六年级		

1　EEC小学英语教材是由教育科学出版社出版的从美国EECI引进，并经国内权威英语教学家根据教育部有关开设小学英语课程的要求针对中国儿童语言学习的特点改编而成的一套教材。

根据调查结果，在教材中使用美音作为教学音频主要口音的主流小学教材版本有人教版灵通版、北师大版、冀教版及教科版EEC版，约占本次调查主流教材版本的47%，使用英音作为教学音频主要口音的有苏教版、部分沪教版、译林版、外研版、部分教科版广州版深港朗文版，约占本次调查主流教材版本的53%。其中，部分教材教学口音有英美音混用的现象，如部分人教版（PEP版、精通版、新起点版）、部分沪教版牛津上海版及部分教科版广州版。此外，在使用音标的教材之中，人教版选用英式音标（即DJ音标）标注单词发音。由此可见，小学教材中英美音的占比大致相当。但是自2013年起，天津、北京、广东、云南、河南等20余个省、自治区、直辖市普遍使用人教版教材，因此美音整体覆盖省市较多，受众数量也更多。

第二节　中考英语听力口音调查

由于中考英语为市级自主命题,因此题库较为丰富,题型、难度及听力考试口音选取受地区教学风格、水平影响较大。本研究选取了4个直辖市2015—2020年英语听力考试音频,调查其使用的英语口音(见表3-2)。

表 3-2　我国直辖市 2015—2020 年中考英语听力口音

年份	上海卷	重庆卷	天津卷	北京卷
2020	英美混合	美	N/A[1]	N/A
2019	英美混合	英美混合	英美混合	美
2018	美	英美混合	英美混合	美
2017	美	美	美	美
2016	美	美	美	美
2015	美	美	美	美

由表3-2可知,4个直辖市2015—2020年英语听力音频选用口音基本上以美音为主,部分题型出现英美混合现象。英美混合题型主要分为两种情况:题干两人对话,一人英音一人美音;题干读两遍,英音、美音各一遍。

1　未收集到2020年天津和北京两地的听力录音。

第三节　高考英语听力口音调查

在中国，普通高考由中华人民共和国教育部统一组织调度，根据教育部公布的《普通高等学校招生全国统一考试大纲》，由教育部考试中心或实行自主命题的省级教育考试院命题。本研究筛选了全国卷及部分地方自主命题卷中2015—2020年英语听力考试音频，调查其使用的英语口音（见表3-3）。

表 3-3　我国部分省市 2015—2020 年高考英语听力口音

年份	全国Ⅰ卷	全国Ⅱ卷	全国Ⅲ卷	浙江卷	江苏卷	北京卷	山东卷	上海卷	天津卷
2020	美	美	美	美	美	英	美	英美混合	英
2019	美	美	美	美	美	英	英美混合	英美混合	英
2018	美	美	美	美	美	英	英美混合	英美混合	英
2017	美	美	美	美	美	英	英美混合	英美混合	英
2016	美	美	美	美	美	英	英美混合	英美混合	英
2015	美	美	美	美	美	英	英美混合	英美混合	英

整体而言，美音在中小学各级教学及考试中较英音应用更为广泛。

第四章

自然拼读法

第一节　自然拼读法简介

　　自然拼读是一种针对字母语言(如英语、阿拉伯语、俄语等)的读写教学方法。通过揭示发音与字母、发音与字母组合、发音与音节之间的关系,自然拼读能够使学习者将字母整体与发音直接联系起来。自然拼读有多种学习方式,第一种为学习字母与发音之间的对应关系,如学习"cat"这个单词要学习三个字母与 /k/、/æ/、/t/ 三个音;第二种为学习字母组合与发音之间的对应关系,如学习韵脚(例如"hat""mat"和"sat"中相同的韵脚"at")、辅音混合(例如"black"里的"bl","last"里的"st");第三种为学习音节与发音之间的对应关系(如"pen-cil"和"al-pha-bet")。

　　自然拼读的作用并不局限于学习拼读单词,更重要的是促进儿童早期阅读能力的提升。国外学者的研究认为,自然拼读既是指导学生认识字母与其发音之间联系的一种教学方法,又是提高拼写能力最有效的方法之一。学习自然拼读能帮助初学者扫清阅读的基础障碍,有效提升阅读能力。福克斯主张将自然拼读法纳入教学,他认为读者掌握了自然拼读规则就能够读出大量单词,随着自主辨认单词能力的提高,其流畅阅读的能力也会得到相应的提升。纳托尔认为,阅读过程是解码、发音、表达三者的结合,读者需要在这三者的基础上理解和建构意义并做出反馈。蒂莫西·沙纳汉和伊莎贝尔·贝克完成的五项关于系统学习自然拼读对二语习得影响的研究表明，自然拼读法能明显提升孩子的阅读能力。

基于以上国外学者的论述，自然拼读法可被定义为建立在字母与语音之间的一套英语单词注音系统，是提高儿童英语识字、拼写和阅读能力的方法。它的最终目的是让读者做到"见词能读，听音能写"。由于它能引导学生主动去探寻英语字母和读音之间的关联，自然拼读法有助于学生掌握各字母与读音之间的规律，还可以促使学生更快地记住英语单词、自动识别单词，从而提升阅读流畅性。

2000年，中国香港和中国台湾地区较先引入自然拼读，随后传入中国内地（大陆）。尽管自然拼读法在中国大陆不及在中国台湾地区普及，但众多少儿英语培训机构已经普遍开始使用自然拼读法进行教学。在中国大陆，无论是针对初中生还是小学生的研究均表明，自然拼读可以对学生的音素意识[1]及单词拼读能力的培养起到积极作用。

---

1 音素意识是语音意识的一个子集，指的是听众能够听到、识别和操纵音素的能力。其中，音素是帮助区分意义单位（语素）的最小音量单位。美国国家阅读委员会发现，音素意识可以提高儿童的字词阅读能力和阅读理解能力并帮助儿童学习拼写。

第二节　自然拼读法发展历史

1655年,法国数学家布莱斯·帕斯卡发明了合成自然拼读,这是一种与阅读教学相关的方法。在这种方法中,先单独发出与特定字素(字母)相对应的音素(音),然后将音素混合(合成)在一起。例如,当采用合成自然拼读教儿童一个单音节单词"cat"的发音时,需要先将其拆成三个字母,每个字母依次代表一个音素,然后把这些音素混合在一起,形成这个单词。

1844年,被誉为"美国公立学校之父"的教育家霍勒斯·曼主张用全语言法进行阅读教学。到了20世纪80年代,全语言法的使用范围比自然拼读法的更为广泛。以文本为基础、强调意义教学,全语言法试图通过阅读理解、以学习者为基础的语言教育、写作过程、学生合作作业来教儿童阅读。但在全语言教学法推行约10年后,研究发现该教学法无法达到预期的教学成果。1992年的全国性测试结果显示,在全语言教学法下,40%的孩子阅读能力未能达到阅读能力测试的基本标准,且推行全语言教学最为积极的加利福尼亚州全体学生考试平均成绩在各州排倒数第一。

从1893年开始,约瑟夫·赖斯对全美公立学校进行了为期3年的调查。其对33000多名儿童进行的拼写测试结果显示,在阅读方面,自然拼读比全语言法的效果更好;采用自然拼读进行教学时学生的拼写效果也最好。在20世纪的前30年，全美多地推行系统的自然拼读与全语言法相结合的教学法，显著提高了全美范围内学生的阅读和拼写能力。

1967年，哈佛大学教育学院的心理学家珍妮·夏尔用3年时间对阅读教学方法进行了评估。通过对55年间学术文献的考察、参与式课堂观察以及对教师和教科书出版商的访谈，查尔认为自然拼读是一种更有效的教学方法。1997年，美国国会成立的国家阅读委员会研究得出结论：系统化的自然拼读教学比没有或较少使用自然拼读法教学更有效。2001年美国国会倡议将为含有明确和系统自然拼读教学的阅读方案提供联邦资金。

由此，自然拼读法再次成为早期阅读教学法的主流，曾一度支持全语言教学法的国际阅读协会（IRA）也声明"自然拼读教学法是早期阅读教学非常重要的组成部分"，其他仍然坚持全语言教学理念的教师及学者也肯定了自然拼读对于儿童早期阅读的重要意义。至此，自然拼读的积极意义得到了广泛肯定，自然拼读也开始为更多的学者、教师、家长和学生所知晓，在英国和美国等国家得到广泛应用。

第三节　自然拼读教学方法分类

自然拼读教学方法可以分为两大类，合成法（systematic）与分析法（analytic）。

一、合成法

合成法也称为系统合成法或系统法，是自然拼读教学法中应用最为广泛的一种。该方法首先教学生字母及其所对应的发音，然后逐步教学生将这些发音组合在一起拼读出单词的完整发音。合成法教学过程包含以下三项：

（一）教学生字母（字素）和语音（音素）之间的对应关系

例如，在对"she""he""we"进行发音教学时，教学生理解这三个单词的字母"e"都对应了音素/i/，因此这三个单词的词尾发音是相同的。在学生掌握单音节单词中相同字母和语音的对应关系后，教师继续教学生不同字母和语音之间的对应。例如，单词"me"和"pony"的词尾字母"e"和"y"并不相同，但都对应了音素/i/，因此这两个单词的词尾发音相同。

(二)教学生通过字母组合来拼读单词

合成法引导学生识别单词中所学过的字母或字母组合,回想其相应的发音,并将字母组合的发音组合在一起,形成整个单词的发音。例如,在教完字母"b""u""s"的对应发音/b/、/ʌ/、/s/后,便可以鼓励学生将三个字母发音组合起来,形成单词"bus"的发音。

(三)教学生以分段的方式听音写单词

首先教会学生听辨单词的音素,然后让学生回忆相对应的字母,接着,把词素写在一起,拼写出书面的单词。例如,让学生先掌握音素 /f/、/ɪ/、/ʃ/ 的发音,然后让学生回忆它们对应的字母和字母组合"f""i"和"sh",最后将其连在一起拼写出单词"fish"。

系统合成法已在多个英语国家被接受和推广。2011 年 3 月,英国教育部发布了题为《教学的重要性》[1]的白皮书,在"课程评估与资格"部分明确指出"要确保每所学校的系统合成自然拼读教学都能得到支持,因为这是阅读的最佳教学方法"。2014 年,美国加利福尼亚州教育部发布官方文件[2]指出学生需具备的基本

---

[1] 英文名为 The Importance of Teaching: the Schools White Paper 2010 - Impact Assessment。

[2] 英文名为 English - Language Arts, Transitional Kindergarten to Grade 1, California Public Schools。

技能："儿童在一年级中期能学会如何解码并有规律地拼写单音节单词，这是至关重要的"以及"儿童需要具有语音意识（尤其是切分和组合音素的能力）"。需要注意的是，切分和组合音素的能力是合成法的核心内容。2018年，澳大利亚维多利亚州政府发布了针对自然拼读的官方教学工具包，包含合成法自然拼读教学的指导内容。

二、分析法

分析法是一种通过教学生从一组包含相同音素的单词中识别共有音素的方式来学习单词读音的自然拼读教学方法，这种方法可以在教学生发音的同时帮助其学习拼写。例如，老师会指引学生讨论以下单词的相似之处："pat""park""push"和"pen"，引导学生得出它们都有 /p/ 这个音素的结论。当学生得知"pig"的头音与"pen"和"pat"的头音相同，他们便会得出结论，"pig"一词的首字母应该也是"p"。分析法有时也被称为隐式自然拼读法，因为它暗含了对声音和字母联系的理解，而不是对拼写直接讲授。

分析法还包含类比法，即通过让学生分析单词中的韵脚（由单词尾的元音和该元音后的辅音组成，如在单词"cat""rat""mat"中，韵脚是"at"）来类比并记住同韵脚单词的发音。类比法通常需要学生记住大量的韵脚组合，并类推包含该韵脚的单词，对学生本身英语水平的要求较高，因此更适用于以英语为母语国家的学生。

三、自然拼读教学方法比较

系统法是一种按一定教学计划明确讲授44个音素的发音与字母的对应关系，让孩子通过将字母组合起来的发音来合成单词，最终进行全词拼读的教学方法。例如，孩子学会"b"发/b/，"a"发/æ/，"t"发/t/后，就可以拼读"bat"为/bæt/。分析法侧重于组合较大的语音单元(例如"ab""ack""ad""ag""am""an""ap""at"等)以及利用已知单词作类比来总结出单词发音(例如通过已学过的单词"big"和"rat"来学习"bat"："bat"开头的发音像"big"中的/b/，尾音的发音像"rat"中的/at/)。

目前，教育界普遍认为系统法的教学成果优于分析法。有学者考察了38个现有的针对基础教育自然拼读教学的实验研究，结果发现接受系统合成法自然拼读教学的儿童在阅读测试中的表现更好。美国国家阅读研究小组2000年发布的报告不仅明确肯定了自然拼读教学的重要作用，而且深入探究了哪种自然拼读教学方法效果更佳。这个由"阅读方面首席专家"领衔的团队的研究结论是"系统的自然拼读对幼儿园至六年级学生及有拼读障碍的孩子的阅读能力都有显著的促进作用"。

值得注意的是，分析法也有其优势所在。学者强调，分析法更适合儿童的实际阅读过程。同时，分析法不会因为添加多余的元音而让儿童感到困惑（在系统法中，大部分辅音都需要添加元音才能发出，比如给 /b/ 和 /t/ 添加元音"u"）。

但对年龄较小的儿童（6 岁左右）来说，分析法较为复杂抽象和难以理解。对于二语国家儿童来说，在英语学习早期就积累、掌握大量单词并根据单词音韵进行类比也较难实现。因此建议教育工作者从系统法入手，在孩子有一定的积累之后，再加入分析法，让孩子分析不同单词发音和形态的异同。本书后续章节在介绍自然拼读教学内容及顺序时也将使用系统法。

第四节　自然拼读在国际上的使用情况

印度语言学家布拉杰·卡奇鲁在1986年提出了英语在全世界辐射范围的经典模型（见图4-1）。他指出，根据英语在一个国家内的使用情况，可以将所有国家分成三种：第一种为内部圈，即英语作为第一语言使用；第二种为外部圈（或者延伸圈），即英语作为一种在社会生活或者政府部门中广泛使用的语言；第三种为拓展圈，即英语作为一种外语被使用和学习。

根据这一分类模型，我们从三种国家中分别选取几个典型国家，分析在这些国家中自然拼读的使用情况和研究成果。内部圈国家有美国、加拿大；外部圈国家有芬兰、法国和新加坡；拓展圈国家有日本。

一、美国

1999年，美国国家儿童健康与人类发展研究所得出结论，包含自然拼读的课程比不包含自然拼读的课程在儿童早期发音教学中更为有效。该机构还于2000年发表报告，认为在多种情况下对儿童进行自然拼读教学均"非常有效"。2014年加利福尼亚州教育局表示，确保孩子们在一年级之前知道如何解码拼写单音节单词并学习其读音是至关重要的，而二、三年级的孩子则应该接受更高级的语音分析教学，并尝试开始读多音节和更复杂的单词。2018年，美国心理科学协会发表了一篇题为《结束阅读战争：从新手到专家的阅读习得》的文章，旨在解释为什么语音教学对英语的学习至关重要，并推崇系统自然拼读教学法，将其视为用字母书写系统表示口头语言的自然和逻辑结果。

图4-1　英语辐射范围经典模型

二、加拿大

在加拿大,虽然各州公共教育政策各有不同,对于自然拼读在英语阅读教学中的价值也有争论,但实际上,加拿大所有小学课程都包含自然拼读教学内容,如语音意识、语音解码、音素意识、音素暗示和字母与其发音的对应关系等。

三、芬兰

在芬兰,自然拼读教学普遍存在于一、二年级的课程中,芬兰学生通过练习字母与发音的对应关系、音素拆分、音节识别、单词识别等策略来提高阅读能力。2016年,国际阅读素养进步研究公布的数据显示,芬兰在50个国家及地区四年级学生阅读成绩的排名中排第5位。

四、法国

在法国,关于自然拼读法与整体语言教学法的争论一直较为激烈。2018年4月,法国教育部部长让-米歇尔·布朗凯成立了由德阿纳主持的科学教育委员会,公开支持自然拼读法并出版指导性文件详细介绍自然拼读教学法。根据国际阅读素养进步研究公布的数据,2016年法国四年级学生的阅读成绩略高于50个国家及地区学生的平均水平。

五、新加坡

2001年起，新加坡提倡在英语课程中平衡自然拼读教学法和全语言教学法的使用。但是自2006年后，教育界开始主张采用系统自然拼读教学法，2010年发布的教学大纲提倡在"系统、明确的教学"与"丰富的语言环境"之间取得平衡，并呼吁增加口语技能、语音意识及自然拼读教学，提高学生拆分合并音节的能力。在2016年国际阅读素养进步研究关于四年级学生的报告中，新加坡的阅读得分排第二（576分），仅次于俄罗斯（581分）。

六、日本

日本小学并未将自然拼读体系纳入正式英语课程，主要原因在于英语与日语的语言差异。正如前文所说，自然拼读法是一种针对字母语言（alphabetic language），如英语、阿拉伯语、俄语等的读写教学方法，而日语属于日本-琉球语系，是一种图形图像语言（logographic language）。另外，不同于英语将字母或字母组合与音节（syllable）对应起来的音韵体系，日语假名书写是基于音拍（mora）的，每一个音拍对应一个假名。音拍与音节虽然相似，但仍有细微差别。一个长元音被算作一个音节，但被算作两个音拍。例如，/a/ 是一个音节，但是算作两个音拍 a-a，/oʊ/ 是一个音节，但是算作两个音拍 o-o。因此，自然拼读在教学到音节划分环节时，英语与日语的语言差异使日本的二语学习者较难将音节与音拍区分开，增加了教学难度。自然拼读法在日本的推广也就难免遭遇阻碍。

第五节　自然拼读相关疑问

自然拼读教学近年被引入中国，由于在国内发展时间较短，教学经验相对不足，家长和学生对自然拼读的理解和学习往往存在一定误区，如质疑自然拼读会与汉语拼音混淆，两者不可同步学习，以及自然拼读学习需要一定程度的单词积累等。针对以上两种常见的问题，本研究结合教学实践作出如下解答：

一、自然拼读和拼音

大多数人对自然拼读持怀疑态度，认为自然拼读会与汉语拼音混淆。但研究表明，在科学引导下这种情况不会出现。自然拼读和汉语拼音是以同一套字母系统作为语音学习符号，虽然二者在有些方面相似性很高，例如"b""p""ch""sh"等辅音字母或字母组合所代表的音素十分相似，但是由于记忆提取、运用方式不同，加上语言本身也有差异，其实两者并不会混淆。

首先，从记忆的角度来说，记忆有一定的编码特异性，记忆的编码方式决定了随后提取的内容以及提取内容时所用的线索。在记忆的初始阶段，学生刚接触到自然拼读和汉语拼音时，就可以清晰地认知到两个符号系统服务的语言对象是不同的，一个是为了学习母语表象文字的语音部分，另一个则是为了学习一种表音文字的发音和拼写。两种截然不同的知识体系在编码上就有了差异，儿童在记忆储存、提取时也很难将两者混淆。就好像同一条河流流向两条河道，只要两条河道不同，就很难将两条河混淆。如果出现了在学习过程中混淆二者的现象，说明记忆尚未稳固，编码加工还不够牢固。就像河流刚刚分流时，由于河道较浅，区别不大，还有可能混淆，但这并非是学习自然拼读导致的，而是记忆不牢的结果。

其次，从运用方式来看，学习自然拼读是为了习得英语，使用和学习都发生在英语语境中，不管是拼写、阅读还是口语，都离不开自然拼读的一些规律。而汉语拼音则仅仅是汉语学习中语音学习的一部分，为学习发音服务，而且汉语中四个声调也可以有效区分自然拼读和汉语拼音，能够有效抑制两种语言学习之间易混淆部分的联想。两者作为声音符号有着截然不同的运用场景和规律，所以混淆的概率也比较低。

最后，正如前面所说，自然拼读涉及英语学习的方方面面，对每个英语学习者都有帮助，汉语的学习与字母语言英语的学习方法并不相同，拼音与字母也不能画等号，不用担心学习自然拼读会影响学习拼音。事实上，让学生尽早接触汉语拼音和自然拼读的同异也是有好处的。很多汉语为母语的学习者在学习英语时都会受到母语的影响，甚至单词发音也由汉语拼音迁移而来。如果教育者能尽早引导学习者接触并了解两者的不同之处，就可以避免这种迁移作用的影响，有效避免中式英文发音的出现。

二、自然拼读法与音标认读法

自然拼读作为儿童早期英语教学的主流方法，通过引导孩子听辨、识别与熟练运用（混合、拆分与重组）单词中的字母及字母组合来培养早期识词及阅读能力。国际音标则通过单独的音标体系建立单词—音标—发音三者之间的联系，学习国际音标可以提高学习者认读单词的准确性。这两种方式各具特色，有很多不同之处。

（一）对应关系不同

自然拼读是建立单词与其发音的直接对应关系，而国际音标是通过单独的由拉丁字母组成的音标体系建立单词与其发音之间的联系。对于英语初学者而言，自然拼读需建立两层关系，即字母与其对应发音，而国际音标则需要建立单词—音标—发音三者之间的关系，相对较难。

（二）适用范围不同

自然拼读主要针对规律发音单词与其发音的对应关系，对不规律发音单词及外来语等并不适用，而国际音标可以标注所有英语单词的发音，因此体系更为完善。

（三）学习难度不同

自然拼读学习门槛较低，认识 26 个字母和一些简单单词后就可以开始接触。自然拼读通过儿歌等儿童易于接受的形式引导他们学习，儿童初学者对此产生的抵触情绪较少。国际音标学习门槛较高，因其是由独立拉丁字母组成的，学习者需要有一定英语基础，因此容易引起低龄儿童的抵触情绪。

（四）适用对象不同

自然拼读法被广泛应用于英语国家的小学课程，主要学习对象为英语母语及二语初学者。研究表明，当儿童可以识别字母表中的字母时，便可以开始学习自然拼读，此时儿童一般为 3～4 岁。国际音标是标准化标音系统，学习国际音标需要能分辨出口语里语音、音位、语调间的对立，因此对学习者的接受能力要求相对较高。

自然拼读法作为儿童早期英语教学方法，能帮助儿童更直接地建立起字母与发音的对应关系。这种简单易学且不易引起儿童抵触的方法更适合作为培养早期音素意识的教学手段。

三、自然拼读与单词积累

学习自然拼读并不要求预先有一定的单词积累。自然拼读通过直接建立字母及字母组合与其发音的对应关系，让二语初学者在掌握字母基本音的基础上就能在一定程度上做到"看字能读，听音能写"，即看到一个陌生单词后，能够通过回想已经学过的字母与字母组合及其发音，推测出该陌生单词的读音。因此，即使没有一定程度的单词积累，通过学习自然拼读法，学生也能够快速掌握陌生单词的发音，加速单词学习，并为后续阅读能力的提升奠定基础。

四、中国学生共有的英语发音问题

（一）增加元音问题

当英语单词以辅音结尾或者单词中间出现辅音连缀时，学生会习惯性地在辅音结尾或者辅音中间增加元音。这是因为汉语普通话没有辅音群，汉语的辅音中间总有元音隔开，所以中国学生在说英语时会受汉语母语的影响，习惯性地在辅音后面增加元音。

- 最常见的是加 /ə/ 音，比如把"clean" /klin/ 读成 /kəˈlin/。
- 在 /p/、/b/ 之后增加 /ʊ/ 音，比如把"please" /pliz/ 读成 /pʊˈliz/，把"bread" /bred/ 读成 /bʊˈred/。
- 在 /tʃ/、/dʒ/、/ʃ/ 后面增加 /ɪ/ 音，比如把"shrill" /ʃrɪl/ 读成

/ʃiˈrɪl/，把"washed"/wɔʃt/ 读成 /ˈwɔʃɪt/，把"managed"/ˈmænɪdʒd/ 读成 /ˈmænɪdʒɪd/。

（二）代替音素问题

汉语普通话中缺少某些音素，导致学生会用其他相似的音素代替该音素，比如汉语普通话中没有 /θ/、/ð/、/ʃ/、/ʒ/、/v/ 音，学生习惯：

- 把 /θ/ 发成 /s/，比如把"thing"/θɪŋ/ 读成 /sɪŋ/。
- 把 /ð/ 发成 /z/，比如把"those"/ðoʊz/ 读成 /zoʊz/。
- 把 /ʃ/ 发成 /s/，比如把"shine"/ʃaɪn/ 读成"sign"/saɪn/。
- 把 /ʒ/ 发成 /z/，比如把"vision"/ˈvɪʒən/ 读成 /ˈvɪzən/。
- 把 /v/ 发成 /w/，比如把"vest"/vest/ 读成"west"/west/。

（三）发双元音时存在的共性问题

- 只读双元音中的第一个音，比如把"like"/laɪk/ 读成 /lak/，把"take"/teɪk/ 读成 /tek/，把"discount"/ˈdɪskaʊnt/ 读成 /ˈdɪskant/，把"bear"/bɛr/ 读成 /be/。
- 误认为双元音的发音方式是把两个单元音拆开独立读，舌位无自然的滑动过渡。比如把 /eɪ/ 读成 /e/+/ɪ/，把"say"/seɪ/ 读成 /se/+/ɪ/。

（四）发短元音和长元音时存在的问题

- 把两者读混。比如混淆 /ɪ/ 和 /i/，混淆 "deep" /dip/ 和 "dip" /dɪp/。
- 把音素读成相似的汉字音或读成拼音，比如把 /ɪ/ 和 /i/ 读成汉字 "一" 或 "衣" 的音。把 /a/ 读成拼音 "a"，把 /ɑ/ 读成拼音 "ao"，把 /u/ 读成拼音 "u"。
- 把 /ɪ/ 看作 /i/ 的短元音，把 /i/ 看作 /ɪ/ 的长元音，认为两者发音只是时长上的区别。
- 学生的口腔开口度偏小，会用相似的短元音代替长元音。例如，把 /æ/ 发成 /e/，把 "bad" /bæd/ 读成 "bed" /bed/。

五、自然拼读学习过程中的易错字母及组合

（一）字母 a

自然拼读教学系统中字母 "a" 的发音一般为 /æ/，这是字母 "a" 的基本音。在通用美音中，当字母 "a" 出现在鼻辅音（/m/、/n/、/ŋ/）之前时，其发音会发生鼻音化现象。以单词 "ant" 和 "at" 举例，"ant" 中的元音 /æ/ 受后面 /n/ 音的影响，会明显发生鼻音化现象，导致听起来和没有受到鼻音化影响的 "at" 中的元音 /æ/ 不太一样。"ant" 中的 /æ/ 发音时比标准 /æ/ 口型更小、更收窄，喉咙处于适度

收紧的状态。

(二)字母 l

自然拼读里的辅音"l"一般学习的是"l"在词首或词中的读音,既可以作为单独的音素学习(例如"look""hello"),也可以作为复合的音素学习,如"bl"(例如"blind"),"pl"(例如"platform"),"gl"(例如"glide"),"cl"(例如"cloud"),"fl"(例如"flight"),"sl"(例如"slender")。它的发音规则是:舌端抵住上齿龈,舌面向下、向后牵拉,口型扁平,气流经口腔由舌身两侧而出,声带振动。

由于汉语语音体系里也有"l"的发音,所以对于绝大多数中国学生来说,"l"在词首位置的读音不算非常困难。但是,个别方言体系中存在"l"和"n"不分的现象,比如江淮方言区、四川方言区等。对于习惯使用这些方言的学习者来说,还需要着重练习这两个音的区别,可以通过练习最小对立组词的方式进行学习,如"light"/laɪt/ 和"night"/naɪt/。

但是,当字母"l"在词尾的时候,会有一个特殊的发音规律,叫作"dark l",学名叫作软腭化齿龈边音,一般称作含糊"l"音。相较于前面所说的明显的、清晰的卷舌辅音,它的发音难度更高。由于 /l/ 在词尾时不会发重音,所以听起来非常含糊,如果对英语语音分类不够敏感则很难辨认出末尾的 /l/ 音。中国英语学习者常犯的错误是将词尾的 /l/ 音和 /oʊ/ 混淆。比如，"code"/koʊd/ 和"cold"/koʊld/，其实"cold"比"code"要多发一个 /l/ 的音，但是很多中国学生很难将二者的区别展现出来。产生这个问题的原因也很简单，因为汉语拼音体系中没有"dark l"的发音，所以中国英语学习者会用类似的 /oʊ/ 进行替代。

含糊"l"音的发音诀窍是：舌尖先轻触下排牙齿背面，舌头后部向后牵拉，声带振动，振动过程中舌尖可以选择卷起轻触上齿龈（或不卷起），气流从舌两侧流过，唇形保持放松，唇部微张，不用撅起，流出一条小缝让气流通过即可。

如上文指出，发好含糊"l"音还需要掌握其与 /oʊ/ 音的区别。/oʊ/ 是一个长元音，发音时唇部需要有所动作变化，需要将 /o/ 和 /ʊ/ 音分别发好，再组合起来。但是"dark l"是不需要的，唇部只需要维持一个状态就好。两者最大的区别在于唇形和舌尖位置。发 /oʊ/ 需要发音者唇部用力，唇形撅起；而发 /l/ 只需要保持微张就好，保持放松。发音时 /l/ 的舌尖位置更靠后，舌身向后收紧，甚至舌尖有卷起来的趋势；在发 /oʊ/ 音时，舌尖位置则相对更靠口腔中前部。学习者在练习区别这两个读音时，可以对照这两处不同进行练习，检查自己的口部动作是否正确。

作为参考，包含"dark l"的单词有"email""milk""full""pool"等。同时包括清晰"l"音和含糊"l"音的单词有"little""flail""lull"等。

（三）字母 r

自然拼读中字母"r"的基本音为 /r/，可以出现在词首、词中或词尾。由于受汉语拼音中声母"r"的影响，中文母语者容易将英语中的"r"发成"ri"的音，当"r"出现在单词开头时，例如单词"red""read""right"，发音时需要抬起舌尖，将舌尖靠近上齿龈的后部，发音时声带振动。当"r"出现在单词中部时，往往作为复合音素出现，例如单词"brand"，"friend""shrink"，复合音素的发音要点见第五章。字母"r"也经常以组合"er""ur""ir"的形式出现在单词中部或者末尾，例如单词"clever""bird""hurt"，在这些单词中，字母 r 发 /ɝ/ 音，是一个非重读央元音。

（四）字母 v

字母"v"在自然拼读中发 /v/ 音。这个音对中文母语者来说尤其难发，因为汉语普通话中不存在这个音素。中文母语者的常见典型错误是将 /v/ 发成 /w/ 的音。在发 /v/ 音时，关键要做到下唇轻轻接触上齿，气流从唇齿间通过，摩擦形成振动，再由口腔而出。"v"音发声部位在口腔前部，发音过程中声带振动。

（五）字母 w

自然拼读中，"w"的发音是 /w/。发这个辅音时，双唇突出，形成一个圆形，发音时声带振动。"w"字母在汉语拼音中也有相应的音，且和英文的 /w/ 听起来较为相似，二者的差异为：英文 /w/ 相对汉语"w"的发音来说，嘴唇突出的程度相对较小。字母"v"和"w"的发音可以结合着进行学习。上文提到"v"的发音经常被中文母语者错发成"w"，"w"被错发成"v"的概率则较小。

（六）字母 br

"br"作为复合音素，其发音由辅音 /b/ 和 /r/ 构成。两个辅音的发音请参考本书第五章中两个辅音字母各自的发音要领。当两个音素被结合到一起时，由于中文没有复合辅音音素且中文音节的结尾只允许出现元音或鼻音，中文母语者在发"br"这类复合辅音音素的时候很容易在两个辅音中插入一个非重读央元音，将两个辅音发成两个单独的音节，发音拖沓。正确的发音方法应为迅速从前一个元音滑向后一个元音，可通过"bring""brim""bridge"等单词进行练习。

六、自然拼读的学习内容和顺序

自然拼读的教学顺序及内容因各国、各地区语言使用、教学目标、学生水平等的不同而各有差别，但各地系统自然拼读法所涵盖的教学内容大致相同，其对应的教学顺序也根据教学内容由易到难递增。具体的自然拼读教学内容及顺序详见本书第五章。

第五章

自然拼读教学内容及顺序

少儿英语自然拼读系统教学法普遍将自然拼读教学所包含的字母及字母组合划分为辅音、复合辅音、混合辅音、短元音、长元音、带有r的元音、复合元音、混合元音等几种类别，并以难度递增的方式安排教学。不同教学目标及教学难度所规划的自然拼读教学内容各有不同，但整体而言，自然拼读教学法所教习的内容基本按照此分类进行聚合、分级。

第一节 自然拼读教学内容

一、辅音

辅音（consonant）即单个辅音字母，其教学顺序一般为先学习出现频率较高的辅音字母，再学习出现频率较低的辅音字母，高频辅音字母大致包括"b""c""d""f""g""h""k""l""m""n""p""s""t"；低频辅音字母大致包括"j""r""v""w""y""z""x""q"。

二、复合辅音

复合辅音（consonant digraph）指的是由两个辅音字母组成

但发音只有一个音素的字母组合。复合辅音既可以出现在词首也可以出现在词尾，在自然拼读教学中，常见的复合辅音有"sh""ch""ck""th""wh""ph""gh""ng""nk""mb""kn""wr"。复合辅音的特征除了发音时只有一个音素以外，还体现在组合的发音和字母组合里的任意字母的常见发音都有较大区别。比如"sh"发音为/ʃ/，"th"发音有/ð/和/θ/，都不是单独字母的常见发音。但是，也有部分复合辅音在发音时省略其中一个辅音字母，只发另一个辅音字母的音。比如"wr"的发音为/r/，字母"w"不发音；"gh"的发音为/g/，字母"h"不发音。

三、混合辅音

混合辅音（consonant blends 或 consonant clusters）又被称为辅音连缀或辅音组合，是由两个或两个以上的辅音组成的辅音组合。与复合辅音不同，混合辅音发音时，辅音组合内的每个辅音单独发音而不是协同发音。混合辅音可以出现在词首或者词尾，例如在单词"break"中，辅音字母"b"和"r"独立发音，辅音组合"br"构成了该单词的词首混合辅音；在单词"past"中，辅音字母"s"和"t"独立发音，辅音组合"st"构成了该单词的词尾混合辅音。常见的混合辅音根据所结合的辅音字母可以分为三类：

"s blends"，即辅音字母与"s"组合成的混合辅音，包括的字

母组合有"sk""sp""st""sw""sl"等;

"r blends",即辅音字母与"r"组合成的混合辅音,包括的字母组合有"br""pr""cr""gr""fr""dr""tr"等;

"l blends",即辅音字母与"l"组合成的混合辅音,包括的字母组合有"bl""cl""pl""gl""fl"等。

四、短元音

自然拼读教学内容中的短元音(short vowels)与语音学意义上的短元音不同。语音学意义上的短元音指在某些可以通过元音的长短对立来区分词义的语言里,音长较短的元音。在自然拼读中,短元音指的是英语中五个元音字母"a""e""i""o""u"所对应的字母基本音 /æ/、/ɛ/、/ɪ/、/ɑ/、/ʌ/。由于这五个元音字母所对应的字母基本音都是短元音,因此使用"短元音"一词指代。

五、长元音

与上文中的短元音一样,自然拼读教学内容中的长元音(long vowels)也不同于语音学意义上的长元音。语音学意义上的长元音指在某些可以通过元音的长短对立来区分词义的语言里，音长较长的元音，且与短元音存在音质上的差异。在自然拼读中，"长元音"指的是字母"a""e""i""o""u"的字母名所对应的长音，即发 /eɪ/、/i/、/aɪ/、/oʊ/、/ju/ 的字母及字母组合。例如在单词中，发字母"a"长音（即 /eɪ/）的字母与字母组合有"ai""ay""a_e"三种，示例分别为"main"/meɪn/，"lay"/leɪ/，"name"/neɪm/ 等。发字母"e"长音（即 /i/）的字母与字母组合有"ee""ea""y""ey"；发字母"i"长音（即 /aɪ/）的字母与字母组合有"i_e""igh""ie""y"；发字母"o"长音（即 /oʊ/）的字母与字母组合有"o_e""oa""ow"；发字母"u"长音（即 /juː/）的字母与字母组合有"u_e""ue""ui""ew""oo"。

六、带有"r"的元音

当一个元音或元音字母组合后带有字母"r"时，"r"会影响该元音的发音，这类字母组合被称为带有"r"的元音（r-controlled vowels）。有时这类"r"被称为霸道的"r"，因为"r"能"霸道"地让元音发出新的音。常见的带有"r"的元音字母组合有五类——"ar""ir""or""ur""er"。其发音主要有三种——/ɑr/, /ɝ/ 和 /ɔr/。在这五类字母组合中，"ar"是最常见的受"r"控制的元音组合，其音标为/ɑr/，只有一种对应的字母表示，即"ar"。因此，在系统自然拼读教学中通常最先教学"ar"，如

"car""bar""art"等。除单元音外,双元音或元音字母组合也能与"r"组合,该分类下的字母组合有"air""are""ear""ire""ore""our""oar"等。

七、复合元音

复合元音(vowel digraphs)是指两个元音音素组合在一起但是发音为一个音素的字母组合。常见的复合元音组合方式包括:

1.两个相同的元音字母组合,比如"ee""sheet";"oo""moon"。这些元音组合的发音和它们的单独发音是有区别的,比如"e""bed";"o""hot"。

2.两个不同的元音字母组合,比如"oa""boat";"ai""rain"。需要注意的是,这些元音组合可能会有不止一种发音,比如"oo"既可以在"moon"里发长音,也可以在"book"里发短音。

八、混合元音

混合元音(vowel diphthongs)是指由两种不同的元音字母组合成的一个发音完全不同的单音节字母组合。发音一般由第一个元音字母起自然过渡到第二个字母,形成一个完整的复合单音节。它与复合元音虽然相似,都是由两个元音音素组成的,但区别在于,混合元音听起来像有两个音,复合元音听起来则只有一个音,不过混合元音的发音依然只算做一个音节。自然拼读里常见的混合元音有"oi"(例如"void"),"oy"(例如"toy"),"ou"(例如"cloud"),"ow"(例如"cow")。

第二节　自然拼读教学顺序

自然拼读教学顺序整体应遵循六阶法，第一步，建立学生对字母与字母自然发音之间的直接联系；第二步，让学生成功拼读元音与辅音的组合，如"c-a""ca"，"a-t""at"的组合；第三步，让学生能够成功拼读辅音+元音+辅音，如"d-o-g""dog"；第四步，让学生能够成功拼读双音节或多音节单词，如"sw-ea-t-er""sweater"；第五步，学生能够听音辨字，即听到单词读音就能拼出单词；第六步，学生的单词量大量扩充，能够阅读英语文章。

以下是每个字母和字母组合的具体教学。

一、辅音

（一）字母 b

1. 音素

/b/

2. 英文发音要领

（1）Press your lips together to stop the air in your mouth;

(2) Part your lips to release the air with a small puff;

(3) Your vocal cords vibrate while making this sound.

3.中文发音要领

(1)双唇紧闭以将气流阻拦在口腔之中；

(2)打开双唇迅速释放气流；

(3)发音时声带振动。

4.实用发音指导

在发 /b/ 音时，仅需变动唇部的动作，嘴唇先闭后张。嘴唇闭合时，可以感受到气流在口腔内聚集。在嘴唇张开时，送出一股相对较弱的气流。发 /b/ 音的时候可以用手摸着自己的喉咙，感受内部声带的振动。/b/ 和 /p/ 两个音通常一起对比着进行练习，两个音发音时都是嘴唇先闭后张，但张嘴时，/p/ 送出的气流相对更强，且发 /p/ 音时摸喉咙不应该感受到声带的振动。

5.口型图

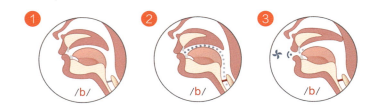

6.单词

　　bat, bike, bell

（二）字母 c

1.音素

　　/k/

2.英文发音要领

　　(1) Lift the back of your tongue towards your throat;

　　(2) Stop the air with the back of your tongue;

　　(3) Release the air with a strong puff;

　　(4) Your vocal cords do not vibrate while making this sound.

3.中文发音要领

　　(1)抬起舌根，用舌根抵住喉咙；

　　(2)用舌根阻拦气流；

　　(3)释放一股较强气流冲出口腔；

　　(4)发音时声带不振动。

4.实用发音指导

　　发 /k/ 音时，舌根要抬向喉咙，发音时，气流从舌根与喉咙间形成的缝隙中通过，可以感受到摩擦。发 /k/ 音时用手摸自己的喉咙，不会感受到内部声带的振动。/k/ 和 /g/ 两个音一般对比着进行练习，二者的区别在于，发 /k/ 音时嘴巴送出的气流比 /g/ 要强，但发 /g/ 时用手摸喉咙可以感受到声带的振动。

5. 口型图

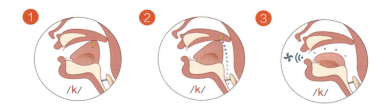

6. 单词

cat, cake, coat

（三）字母 d

1. 音素

/d/

2. 英文发音要领

(1) Place the tip of your tongue on the tooth ridge behind your upper front teeth;

(2) Stop the air with the tip of your tongue;

(3) Release the air with a small puff;

（4）Your vocal cords vibrate while making this sound.

3. 中文发音要领

　　（1）舌尖抵住上齿龈；

　　（2）用舌尖阻拦气流；

　　（3）从口腔中释放出一股较弱气流；

　　（4）发音时声带振动。

4. 实用发音指导

　　发 /d/ 音时会有舌头动作的变化。发音前，嘴唇微张并一直保持不动，舌头要先抵在口腔上部牙齿后方的牙龈处。接着，尝试将一股气体从口腔后部送到前部，感受舌头根部的肌肉发力。等气体到达舌尖与牙龈连接处时，放下舌尖，让气体自然流出发出 /d/ 音。同时，可以将手指抵在声带处，感受全程声带的振动。练习时可以尝试用力说中文的"的"字，放下舌头的同时要注意将结尾的元音去掉。

5. 口型图

6. 单词

    dad, date, door

(四)字母 f

1. 音素

    /f/

2. 英文发音要领

    (1) Lightly bite your lower lip and leave a tiny gap between your lower lip and upper teeth;

    (2) Release a stream of air through that gap to create friction;

    (3) /f/ is a continuous sound, so you can stretch it out.

3. 中文发音要领

    (1)轻咬下唇,在下唇和上齿间留一道小缝;

    (2)从小缝中释放气流,产生摩擦;

    (3)/f/是一个持续音,所以你可以持续发这个音一段时间。

4. 实用发音指导

    /f/ 的发音要诀在于关注牙齿和下唇的位置,音是靠气流在唇齿间摩擦产生的。上齿轻轻咬住下唇,不需太过用力,用牙齿抵住下唇即可。保持这个唇齿动作，从口腔后部送出一股气流，自然流出口腔，气流和唇齿产生摩擦，发出 /f/ 音。全程声带不振动，但是需要我们保持唇齿动作几秒，稳定地出气，完成这个音的发音。

5.口型图

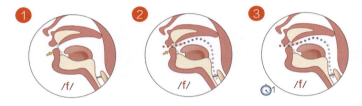

6.单词

　　fat, father, fair

（五）字母 g

1.音素

　　/g/

2.英文发音要领

　　（1）Raise the back of your tongue towards your throat;

　　（2）Stop the air with the back of your tongue;

1　表盘表示发音要持续一段时间。

(3) Release the air with a small puff;

(4) Your vocal cords vibrate while making this sound.

3.中文发音要领

(1)抬起舌根，用舌根抵住喉咙；

(2)用舌根阻拦气流；

(3)从口腔中释放一股较弱气流；

(4)发音时声带振动。

4.实用发音指导

/g/音的发音重点在于舌根的位置。首先，嘴唇微张，全程保持这个嘴型。然后，舌根隆起，感受自己的舌头尾部和口腔上部接触后咽部闭合的感觉，可以对着镜子看自己的舌头是否摆成了图中所示的斜面。接着开始送出气流，感受气流在舌根处受到阻拦的感觉。随后放下舌头，从口腔中释放这股气流。放下舌根发声时，可以将手指放在声带处，感受声带的振动。

5.口型图

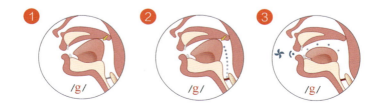

6. 单词

　　gate, gather, gaze

（六）字母 h

1. 音素

　　/h/

2. 英文发音要领

　　（1）Your lips are slightly open and your tongue is in a neutral position;

　　（2）Breathe out while you partially bring your vocal cords together to create friction;

　　（3）Your vocal cords do not vibrate while making this sound.

3. 中文发音要领

　　（1）轻张双唇，舌头自然放平；

　　（2）呼气的同时部分闭合自己的声带，形成摩擦；

　　（3）发音时声带不振动。

4. 实用发音指导

　　/h/ 的发音较为简单。发音时，微微张开唇齿，留出一条狭窄的缝隙供气流通过。保持嘴型，正常呼气，但是呼气后记得闭合自己的声带，让气流在声带处形成摩擦。声带闭合的感觉类似于含住一口水不往下咽。声带闭合后，气流自己在狭窄的通道内流动形成摩擦。气体自然流出，发音完成。注意，发声时声带不振动。

5. 口型图

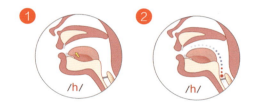

6. 单词

hat, hill, hug

（七）字母 j

1. 音素

/dʒ/

2. 英文发音要领

（1）Place the tip of your tongue on the tooth ridge behind your upper front teeth;

(2) Stop the air with the tip of your tongue;

(3) Arch your tongue so it creates a gap between the roof of your mouth, and then release the air through this gap;

(4) Your vocal cords vibrate while making this sound.

3.中文发音要领

(1) 舌尖抵住上齿龈；

(2) 用舌尖阻拦气流；

(3) 拱起舌头，使舌头和上颚间产生一道小缝，随后通过这道小缝释放气流；

(4) 发音时声带振动。

4.实用发音指导

/dʒ/ 的发音重点是舌位的变化。首先需要撅起双唇完全暴露上下牙，舌尖先抵在上排牙齿后方的上颚处，无需闭合牙齿，嘴唇微张。接着口腔后部发力，气体通过口腔到达舌尖，受阻拦形成摩擦。此时，放下舌尖，让气体通过狭窄的空隙自然流出，同时声带振动，气流流出时会在下排牙齿处受到阻力，牙齿后方能感受到气流振动的摩擦感。

5.口型图

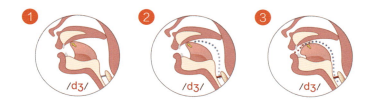

6.单词

jeep, jam, jungle

(八)字母 k

1.音素

/k/

2.英文发音要领

(1) Lift the back of your tongue towards your throat;

(2) Stop the air with the back of your tongue;

(3) Release the air with a strong puff;

(4) Your vocal cords do not vibrate while making this sound.

3.中文发音要领

(1)抬起舌根,使舌根抵住喉咙;

(2) 用舌根阻挡气流；

(3) 从口腔中释放一股较强气流；

(4) 发音时声带不振动。

4. 实用发音指导

发 /k/ 时，舌根要抬向喉咙，发音时气流从舌根与喉咙间形成的缝隙中通过形成摩擦。发 /k/ 音时用手摸喉咙，不会感受到声带在振动。/k/ 和 /g/ 两个音一般对照着进行练习，发 /k/ 音时嘴巴送出的气流比发 /g/ 音时要强，但发 /g/ 音时用手摸喉咙可以感受到声带的振动。

5. 口型图

6. 单词

kind, keep, kite

（九）字母 l

1. 音素

／l／

2. 英文发音要领

（1）Place the tip of your tongue against the tooth ridge behind your upper front teeth;

（2）Lower the back of your tongue while breathing out.

3. 中文发音要领

（1）舌尖抵住上齿龈；

（2）送气时放低舌头后部。

4. 实用发音指导

／l／的发音重点是保持舌位。首先将舌尖顶在上齿后方，嘴部微微张开，保持唇舌位置，从口腔后部送气，感受气体在闭合的口腔内部摩擦。注意，舌头后段需要放低，让气流在这个空间内自然流动。为了发出一个干净的／l／音，练习时可以使用"尾音去除法"：尝试先说中文的"乐"字，逐渐放慢语速，说10遍，在"乐"快说出口时打住，此时，你的舌尖大致抵在上门牙背部，舌面正在向下方用力，这就是／l／的练习方法。

5. 口型图

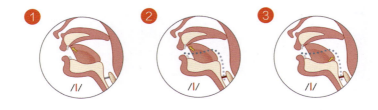

6. 单词

late, long, lake

（十）字母 m

1. 音素

/m/

2. 英文发音要领

（1）Press your lips together;

（2）Keep your mouth closed, and let the air flow out of your nose;

（3）You can stretch this sound out for a while.

3. 中文发音要领

（1）紧闭双唇；

（2）保持嘴唇闭合，让气流从鼻子中流出；

（3）你可以持续发音一段时间。

4.实用发音指导

/m/的发音重点在于关注唇形和气流的流通通道。嘴唇抿合，不需要特意摆放牙齿和舌头的位置。气流从鼻腔流出，把手指放在鼻孔外面可以感受到气流的释出。

5.口型图

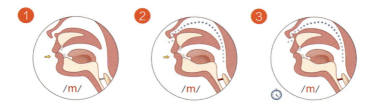

6.单词

moon, monkey, mate

（十一）字母 n

1.音素

/n/

2.英文发音要领

（1）Place the tip of your tongue on the tooth ridge behind your upper front teeth;

(2) Block the air in your mouth with the tip of your tongue, and let the air flow out of your nose;

(3) You can stretch this sound out for a while.

3.中文发音要领

(1)舌尖抵住上齿龈；

(2)用舌尖阻拦气流,使气流从鼻子而不是从嘴巴流出；

(3)你可以持续发音一段时间。

4.实用发音指导

/n/ 的发音相对于 /m/ 有一定的难度,同样是气流从鼻腔流出,但是唇部位置和舌位都有变化。舌尖要紧紧抵住上排牙齿后方的牙龈处,嘴唇微张,保持这样的姿势让鼻腔发音。在练习初期,可以类比去说中文里的"呢"字,但是不要把尾部的元音发出来。

5.口型图

6. 单词

night, note, nose

(十二) 字母 p

1. 音素

/p/

2. 英文发音要领

(1) Close your lips to block the air in your mouth;

(2) Part your lips and release the air with a strong puff.

3. 中文发音要领

(1) 紧闭双唇将气流阻拦在口腔中;

(2) 打开双唇,释放一股较强气流。

4. 实用发音指导

/p/ 的发音重点在于唇部爆破。这个音的发音对牙齿和舌尖位置都没有要求,仅需要进行唇部动作。首先,口腔内含住一股气体,嘴唇闭紧,感受气体在口腔内"蓄势待发"。接着,迅速打开双唇,让含住的气体一股脑地流出,完成发音。注意,发音时气流要足够强烈,唇部肌肉虽不需用力,但是要能呈现出强气流"冲撞"出唇部的状态。

5. 口型图

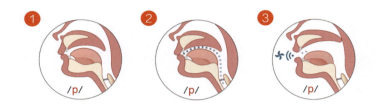

6. 单词

paper, pet, pull

(十三) 字母 q

1. 音素

/k/

2. 英文发音要领

(1) Lift the back of your tongue towards your throat;

(2) Block the air with the back of your tongue;

(3) Release the air with a strong puff;

(4) Your vocal cords do not vibrate while making this sound.

3. 中文发音要领

(1) 抬起舌根，使舌根抵住喉咙；

(2) 用舌根阻拦气流；

(3)从口腔中释放出一股较强气流;

(4)发音时声带不振动。

4.实用发音指导

发 /k/ 音时舌根要抬向喉咙,气流从舌根与喉咙间形成的缝隙中通过形成摩擦。发音时用手摸自己的喉咙,不会感受到声带的振动。/k/ 和 /g/ 两个音一般对照着进行练习。发 /k/ 音时,嘴巴送出的气流比发 /g/ 音时要强,发 /g/ 音时用手摸喉咙可以感受到声带的振动。

5.口型图

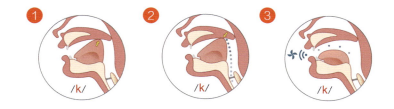

6.单词

quick, queen, quiet

(十四)字母 r

1.音素

/r/

2.英文发音要领

(1) Raise the tip of your tongue towards the tooth ridge behind your upper front teeth, but don't touch it;

(2) Slightly lower the center of your tongue, but raise its back while breathing out.

3.中文发音要领

(1)舌尖抬高接近上齿龈,但不要接触;

(2)放低舌头中部但抬高舌根,同时送气。

4.实用发音指导

/r/ 是最难掌握发音的辅音之一,因为它对舌位的要求比较特殊。舌尖不再抵着口腔内任何一个具体的位置,所以很难检查发音时舌位是否正确。此外,发音时舌头的位置会发生变化,我们也很难靠外力来检测动作是否正确。

首先,我们将舌尖翘起,抵住上排牙齿后方的牙龈,接着微微松开,保持舌尖翘起的动作,此时唇部自然微张,完成发音前的准备动作。接着,声带振动,同时舌头后端逐渐升起,这样即可发出 /r/ 的卷舌音。至于如何确定自己的舌根是否抬高,我们可以通过感受自己口腔上下颌的闭合程度来进行判断。原本口腔里比较圆的空间会被挤压,可以感觉到口腔内上部有较强的共振。

5. 口型图

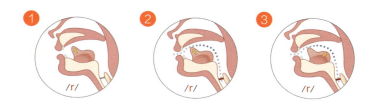

6. 单词

red, read, rate

（十五）字母 s

1. 音素

/s/

2. 英文发音要领

（1）Raise the tip of your tongue to your tooth ridge and create a small gap between your tongue tip and tooth ridge;

（2）Release a stream of air over your tongue through the gap to create noise;

（3）You can stretch this sound out for a while.

3. 中文发音要领

（1）舌尖接近上齿龈但不接触，在舌尖和上齿龈间形成一道

小缝;

(2)释放气流,流经舌头上方,经过小缝时产生摩擦噪声;

(3)你可以持续发音一段时间。

4.实用发音指导

/s/ 和 /z/ 两个音可以对比着进行练习,二者口腔动作相似,区别在于声带是否振动,也就是清辅音和浊辅音的区别。首先,可以将嘴型摆出标准的"八颗牙齿"微笑的弧度,上下牙齿咬合,但是不用太紧,需要露出一条小缝,供气流流出。接着,舌尖要抵在口腔上方牙齿背后,但不需要完全抵住,要留出一点缝隙。这时我们就可以让气流通过,经"口腔后部—舌尖与上颚的空隙—上下唇齿缝隙"这一通道,轻轻地流出口腔,气流经过各个部位时都会因为空间狭窄与周围形成一定的摩擦。

5.口型图

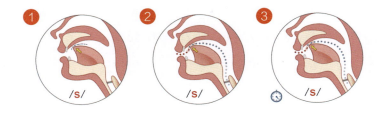

6. 单词

skate, desk, sport

（十六）字母 t

1. 音素

/t/

2. 英文发音要领

（1）Place the tip of your tongue on the tooth ridge behind your upper front teeth;

（2）Block the air in your mouth with the tip of your tongue;

（3）Release the air with a strong puff.

3. 中文发音要领

（1）舌尖抵住上齿龈；

（2）用舌尖阻拦气流；

（3）从口腔中释放出一股较强气流。

4. 实用发音指导

/t/ 的发音重点在于关注舌头位置的变化。首先，舌头需要抵住上排牙齿后的牙龈，此时唇部和牙齿都会自然微张，做好准备动作。接着，保持这个姿势，用口腔后部进行发力，输送气流到达舌尖与牙龈的交界处，这时气流被堵住，随后迅速放下舌尖，让这股较强的气流喷出，完成发音。

5. 口型图

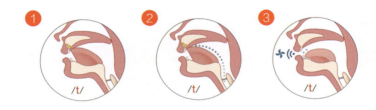

6. 单词

ten, toe, meet

（十七）字母 v

1. 音素

/v/

2. 英文发音要领

（1）Lightly bite your lower lip and leave a tiny gap between your lower lip and upper teeth;

（2）Release a stream of air through that gap to create friction;

（3）Your vocal cords vibrate while making this sound;

（4）You can stretch this sound out for a while.

3.中文发音要领

(1)轻咬下唇并在下唇和上齿间留一道小缝;

(2)释放气流通过这道小缝,形成摩擦;

(3)发音时声带振动;

(4)你可以持续发音一段时间。

4.实用发音指导

/v/的发音比较难,可以和/w/对照着进行练习。/v/是中文中没有的一种辅音,所以中国学生较难掌握其发音要领。/v/的发音重点在于关注唇齿咬合的方式,我们需要用上齿咬住下唇,但是不要过分用力,能感受到牙齿碰在嘴唇上即可。发/v/音时不能完全闭合唇齿,需要留出微小的空隙供气流流过。接着振动声带,让气流从口腔后部稳定地、自然地流出,感受气流在上齿和下唇间的振动。/w/和/v/两个音发音的最大区别在于是否有上齿和下唇间振动的感觉。

5.口型图

6. 单词

voice, very, vain

(十八)字母 w

1. 音素

/w/

2. 英文发音要领

(1) Open your mouth, round your lips, and pull them into a small circle;

(2) Stretch your lips with a quick movement;

(3) When making this sound, pull your tongue back to your throat.

3. 中文发音要领

(1)张开嘴巴,使双唇形成一个小的圆形;

(2)发音时迅速拉平双唇;

(3)发音时舌头向后靠近喉咙。

4. 实用发音指导

/w/ 的发音要比 /v/ 略微简单一些,重点在于嘴型的变化。首先,嘴唇微张,作出吹口哨的口型。接着,发声时嘴角向两边咧开,将口腔内饱满的空间逐渐压扁。舌头尽量向后靠，可以通过感受自己的舌尖是否靠在下排牙齿背后的方式来判断自己的舌位是否正确。

5. 口型图

6. 单词

week, win, well

（十九）字母 x

1. 音素

/ks/

2. 英文发音要领

* /ks/ is a combination of consonants /k/ and /s/. Refer to the guide for them individually.

3. 中文发音要领

* /ks/ 由辅音 /k/ 和 /s/ 组合而成，发音要领参考 /k/ 音和 /s/ 音各自的发音要领。

4. 实用发音指导

/ks/ 由两个辅音 /k/ 和 /s/ 组合而成，其发音重点是从 /k/ 到 /s/ 的流畅过渡。对中国学生来说，在学习两个辅音的组合音时，很容易习惯性在前一个辅音的末尾插入一个短短的元音 /ə/。因此，在练习 /ks/ 这个辅音组合音时，要有意识控制不要插入多余的音素，从一个音流畅地滑向另一个音。发 /ks/ 音时可以用手摸着喉咙，正确发音的话，喉咙是不振动的。

5. 口型图

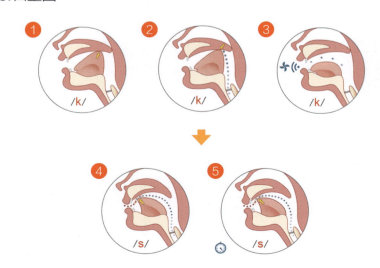

6. 单词

　　fox, six, mix

（二十）字母 y

1. 音素

　　/j/

2. 英文发音要领

　　（1）Arch your tongue and raise it to the roof of your mouth;

　　（2）Lower the tip of your tongue and place it behind your bottom front teeth;

　　（3）Release the air and feel it gliding over your tongue;

　　（4）Your vocal cords vibrate when making this sound.

3. 中文发音要领

　　（1）拱起舌头靠近上颚；

　　（2）放低舌尖，使其位于下齿后侧；

　　（3）释放气流，感受气流从舌头上部通过；

　　（4）发音时声带振动。

4. 实用发音指导

　　/j/ 音并不是和这个音素相同的"j"字母的字母音，所以切记在发音时要留心分辨。/j/ 的发音重点在于关注舌尖位置。舌尖顶在下排牙齿后方，此时舌头会自然拱起，与口腔上部形成一个弯曲的通道。声带振动，感受气流从狭小的通道经过时和口腔上方肌肉共振的感觉。注意，这个音和汉字"耶"或"噎"的音的区别在于是否能感受到气流通过时口腔的振动。此外，发 /j/ 音时口型要更圆一些，这是因为发这个音时舌头要拱起，所以口型自然会在垂直方向拉伸，而发汉字"耶"或"噎"的音时，舌头相比之下更平，口型看起来更向两边咧开。发音时，可以通过这个区别来判断自己的发音是否准确。

5. 口型图

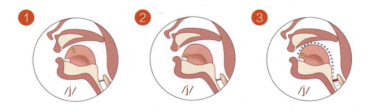

6. 单词

yes, yellow, yard

（二十一）字母 z

1. 音素

/z/

2.英文发音要领

(1) Raise the tip of your tongue to your tooth ridge, and leave a gap between your tongue tip and the tooth ridge;

(2) Release a stream of air over the tip of your tongue through the gap to create noise;

(3) Your vocal cords vibrate when making this sound;

(4) You can stretch this sound out for a while.

3.中文发音要领

(1)抬起舌尖靠近上齿龈,但是不要触碰,舌尖和上齿龈间形成一道小缝;

(2)释放气流流经舌头上方,气流通过这道小缝产生噪声;

(3)发音时声带振动;

(4)你可以持续发音一段时间。

4.实用发音指导

/z/ 是 /s/ 的对应浊辅音,所以可以参照对比 /s/ 进行发音练习。两者的舌位和口型比较相似,都需要舌尖与上颚分开一点距离供气流通过。声带振动,气流从舌头和上颚间的空隙流出,通过空隙后与上排牙齿背后摩擦并产生气流冲撞牙齿后方的感觉。此外,需要注意区分 /z/ 和汉字"滋"的发音,两者虽口型比较相似,但发音上还是有一定的区别。关键在于上下齿的距离,发 /z/ 音时由于舌头和上颚需要保持一定的距离，所以上下齿并没有完全闭合且口腔内空间比较饱满；但是发汉字"滋"的音时，口型比较扁平，嘴角要向两边咧开。另一个区别在于气流的流动方式，发"滋"时气流从一个水平方向的通道流出，但是发 /z/ 时气流则需要先上后下，口腔上部的振动更明显。

5.口型图

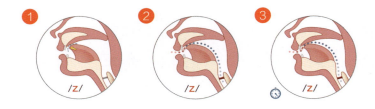

6.单词

zoo, zebra, zero

（二十二）字母 soft c

1.音素

/s/

2.英文发音要领

（1）Raise the tip of your tongue to your tooth ridge and create a small gap between your tongue tip and tooth ridge;

（2）Release a stream of air over your tongue through the gap to create noise;

（3）You can stretch this sound out for a while.

3. 中文发音要领

（1）舌尖接近上齿龈但不接触，在舌尖和上齿龈间形成一道小缝；

（2）释放气流，流经舌头上方，经过小缝时产生摩擦噪声；

（3）你可以持续发音一段时间。

4. 实用发音指导

/s/ 和 /z/ 两个音可以对比着进行练习，二者口腔动作相似，区别在于声带是否振动，也就是清辅音和浊辅音的区别。首先可以将嘴型摆出标准的"八颗牙齿"微笑的弧度，上下牙齿咬合，但是不用太紧，需要露出一条小缝，供气流流出。接着，舌尖要抵在口腔上方牙齿背后，但不需要完全抵住，要留出一点儿缝隙。这时我们就可以让气流通过，经"口腔后部—舌尖与上颚的空隙—上下唇齿缝隙"这一通道，轻轻地流出口腔，气流经过各个部位时都会因为空间狭窄与周围形成一定的摩擦。

5. 口型图

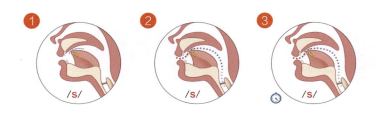

6. 单词

center, ice, dance

（二十三）字母 soft g

1. 音素

/dʒ/

2. 英文发音要领

(1) Place the tip of your tongue on the tooth ridge behind your upper front teeth;

(2) Stop the air with the tip of your tongue;

(3) Arch your tongue so it creates a gap between the roof of your mouth, and then release the air through this gap;

(4) Your vocal cords vibrate while making this sound.

3. 中文发音要领

(1) 舌尖抵住上齿龈；

(2) 用舌尖阻拦气流；

(3) 拱起舌头，使舌头和上颚间产生一道小缝，随后通过这道小缝释放气流；

(4) 发音时声带振动。

4. 实用发音指导

/dʒ/ 的发音重点是舌位的变化。首先，需要撅起双唇完全暴露上下牙，舌尖先抵在上排牙齿后方的上颚处，无需闭合牙齿，嘴唇微张。接着，口腔后部发力，气体通过口腔到达舌尖，受阻拦形成摩擦。此时，放下舌尖，让气体通过狭窄的空隙自然流出，同时声带振动，气流流出时会在下排牙齿处受到阻力，牙齿后方能感受到气流振动的摩擦感。

5. 口型图

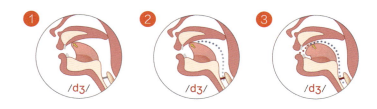

6.单词

age, page, large

二、复合辅音

（一）字母 sh

1.音素

/ʃ/

2.英文发音要领

(1) Open your mouth, and push out your lips a little;

(2) Arch your tongue, and raise it to the roof of your mouth to create a gap in between;

(3) Release a stream of air over your tongue through the gap to create noise;

(4) You can stretch this sound out for a while.

3.中文发音要领

(1)张开嘴巴,嘴唇略向前撅;

(2)拱起舌头抬向上颚并与上颚间留出一道小缝;

(3)释放气流通过这道小缝,流经舌头上方,产生噪声;

(4)你可以持续发音一段时间。

4.实用发音指导

发 /ʃ/ 音时，嘴巴要张开，而且嘴唇要往前撅。撅起双唇后要完全暴露上下牙(在镜子中能看到6颗左右的牙齿)。在口腔内部，抬起舌尖靠向上颚，舌头两侧触碰上颚。保持上述口型，送气时可以感受到气流从舌尖和上颚间形成的小缝中通过，气流摩擦牙关产生明显的气声。/ʃ/ 可以和 /s/ 对比着进行发音练习。两者虽然都是擦音，但是发 /ʃ/ 音时，舌头是翘起来的，发 /s/ 音时，舌头是放平的。这个对比和汉语拼音里的翘舌音 sh 与平舌音 s 的对比十分类似。

5.口型图

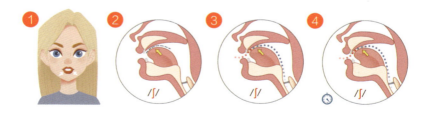

6.单词

ship, sheer, share

（二）字母 ch

1.音素

/tʃ/

2.英文发音要领

（1）Slightly open your mouth, and push out your lips;

（2）Place the tip of your tongue on the tooth ridge behind your upper front teeth;

（3）Stop the air with the tip of your tongue;

（4）Arch your tongue so it creates a gap between it and the roof of your mouth. Release the air through that gap to create noise.

3.中文发音要领

（1）嘴巴微张，嘴唇向前撅；

（2）将舌尖抵住上齿龈；

（3）用舌尖阻拦气流；

（4）拱起舌头，让舌头和上颚间形成一道小缝。同时释放气流通过这道小缝，产生噪声。

4.实用发音指导

/tʃ/ 这个音也是一个需要发音时嘴巴张开、嘴唇向前撅起的音,但注意不要撅得太夸张。发音时需要将舌尖抵住上齿龈,之后送气,将气流从舌尖的小缝中送出,摩擦发声。英文的这个 /tʃ/ 音和汉语拼音的 ch 音很相似,对于中国学生来说不难掌握。

5. 口型图

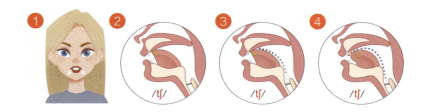

6. 单词

chair, cheap, change

(三)字母 ck

1. 音素

/k/

2. 英文发音要领

(1) Lift the back of your tongue towards your throat;

(2) Stop the air with the back of your tongue;

(3) Release the air with a strong puff;

(4) Your vocal cords do not vibrate while making this sound.

3.中文发音要领

(1)抬起舌根,用舌根抵住喉咙;

(2)用舌根阻拦气流;

(3)从口腔中释放一股较强气流;

(4)发音时声带不振动。

4.实用发音指导

发/k/音时,舌根要抬向喉咙,气流从舌根与喉咙间形成的缝隙中通过。发音时用手摸自己的喉咙,不会感受到内部声带的振动。/k/和/g/两个音一般对照着进行练习。相比之下,发/k/音时,嘴巴送出的气流比发/g/音时要强,但发/g/音时用手摸喉咙可以感受到声带的振动。

5.口型图

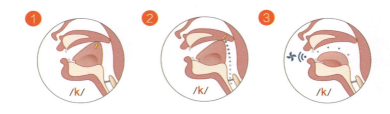

6.单词

thick, sick, sack

（四）字母 th

1. 音素

/θ/

2. 英文发音要领

（1）Put the tip of your tongue between your front teeth;

（2）Release air through the tiny gap between the tip of your tongue and your upper front teeth to create friction.

3. 中文发音要领

（1）将舌尖放在上下齿之间；

（2）释放气流通过上门牙和舌尖之间的小缝，形成摩擦音。

4. 实用发音指导

/θ/ 对于中国学生来说是一个较难掌握的音，因为在普通话里不存在 /θ/ 的类似音，而且其发音与 /s/ 有相似之处。/θ/ 的特别之处在于，它是一个咬舌音。在发音的时候，需要将舌尖轻轻咬在上下齿之间。送气的时候，气流从舌尖和上齿门牙间形成的小缝中通过，可以感受到气流推动上门牙，摩擦出声。对比 /θ/ 和 /s/ 两个音，发声时气流都是从齿间流出口腔的，两者的区别在于 /θ/ 需要咬舌，/s/ 不需要。

5. 口型图

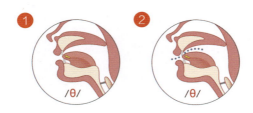

6. 单词

thing, thin, thought

(五)字母 wh

1. 音素

/w/

2. 英文发音要领

(1) Open your mouth, round your lips, and pull them into a small circle;

(2) Stretch your lips with a quick movement;

(3) When making this sound, pull your tongue back to your throat.

3. 中文发音要领

(1)打开嘴巴,弯曲嘴唇,使双唇形成一个小圆;

(2)发音时迅速拉平双唇;

(3)发音时舌头向后靠近喉咙。

4.实用发音指导

/w/ 的发音相比 /v/ 要略微简单一些,重点在于嘴型的变化。首先,嘴唇微张,作出吹口哨的口型。接着,发声时嘴角向两边咧开,口腔内饱满的空间将逐渐压扁。舌头尽量向后靠,感受自己的舌尖是否靠在下排牙齿背后,依此判断自己的舌位是否正确。

5.口型图

6.单词

what, why, where

(六)字母 ph

1.音素

/f/

2.英文发音要领

(1) Lightly bite your lower lip, and leave a tiny gap between your lower lip and upper teeth;

(2) Release a stream of air through that gap to create friction;

(3) /f/ is a continuous sound, so you can stretch it out.

3.中文发音要领

(1)轻咬下唇,在下唇和上齿间留一道小缝;

(2)从小缝中释放气流,形成摩擦;

(3)/f/是一个持续音,所以你可以持续发这个音一段时间。

4.实用发音指导

/f/ 的发音要诀在于关注牙齿和下唇的位置,音是靠气流在唇齿间摩擦产生的。首先,上齿轻轻咬住下唇,不需太过用力,用牙齿抵住下唇即可。保持这个唇齿动作,从口腔后部送出一股气流,自然流出口腔,气流和唇齿产生摩擦,发出/f/音。全程声带不振动,但是需要我们保持唇齿动作几秒钟,稳定地出气,完成这个音的发音。

5.口型图

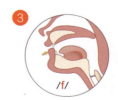

6. 单词

phone, photo, graph

（七）字母 gh

1. 音素

/g/

2. 英文发音要领

（1）Raise the back of your tongue towards your throat;

（2）Stop the air with the back of your tongue;

（3）Release the air with a small puff;

（4）Your vocal cords vibrate while making this sound.

3. 中文发音要领

（1）抬起舌根，用舌根抵住喉咙；

（2）用舌根阻拦气流；

（3）从口腔中释放一股较弱气流；

（4）发音时声带振动。

4. 实用发音指导

/g/ 音的发音重点在于舌根的位置。首先，嘴唇微张，全程保持这个嘴型。接着，舌根隆起，感受自己的舌头尾部和口腔上部接触后咽部闭合的感觉，可以对着镜子看自己的舌头是否摆成了图中所示的斜面。接着开始送出气流，感受气流在舌根处受到阻拦的感觉。随后放下舌头，从口腔中释放这股气流。放下舌根发声时，可以将手指放在声带处，感受声带的振动。

5.口型图

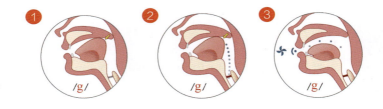

6.单词

　　ghost, ghastly, ghetto

（八）字母 ng

1.音素

　　/ŋ/

2.英文发音要领

　　（1）Pull the back of your tongue towards your throat;

　　（2）Block the air in your mouth with the back of your tongue, and let the air pass through your nose;

(3) You can stretch this sound out for a while.

3. 中文发音要领

(1) 舌根向后抵住喉咙；

(2) 用舌根阻拦气流，使其不从口腔而是从鼻子流出；

(3) 你可以持续发音一段时间。

4. 实用发音指导

学习 /ŋ/ 这个音时，可以比对汉语拼音里的后鼻音 ng 来练习。首先，/ŋ/ 是一个鼻音，在发音时要确保气流从鼻子中而不是从口腔中流出。其次，/ŋ/ 的发声位置在口腔的后部，所以要尽量把舌头往后靠。

5. 口型图

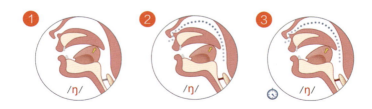

6. 单词

long, wrong, hang

（九）字母 mb

1. 音素

/m/

2. 英文发音要领

（1）Press your lips together;

（2）Keep your mouth closed, and let the air flow out of your nose;

（3）You can stretch this sound out for a while.

3. 中文发音要领

（1）紧闭双唇；

（2）保持嘴唇闭合，让气流从鼻子中流出；

（3）你可以持续发音一段时间。

4. 实用发音指导

/m/的发音重点在于关注唇形和气流的流通通道。嘴唇抿合，不需要特意摆放牙齿和舌头的位置。气流从鼻腔流出，把手指放在鼻孔外面可以感受到气流的释出。

5. 口型图

6. 单词

comb, climb, tomb

（十）字母 kn

1. 音素

/n/

2. 英文发音要领

（1）Place the tip of your tongue on the tooth ridge behind your upper front teeth;

（2）Block the air in your mouth with the tip of your tongue, and let the air flow out of your nose;

（3）You can stretch this sound out for a while.

3. 中文发音要领

（1）舌尖抵住上齿龈；

(2)用舌尖阻拦气流,使气流从鼻子而不是从嘴巴流出;

(3)你可以持续发音一段时间。

4.实用发音指导

/n/ 的发音相对于 /m/ 有一定的难度,同样是气流从鼻腔流出,但是唇部位置和舌位都有变化。舌尖要紧紧抵住上排牙齿后方的牙龈处,嘴唇微张,保持这样的姿势让鼻腔发音。在练习初期,可以类比去说中文里的"呢"字,但是不要把尾部的元音发出来。

5.口型图

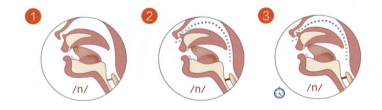

6.单词

knee, knock, know

(十一)字母 wr

1.音素

/r/

2. 英文发音要领

(1) Raise the tip of your tongue towards the tooth ridge behind your upper front teeth, but don't touch it;

(2) Slightly lower the center of your tongue, but raise its back while breathing out.

3. 中文发音要领

(1)舌尖抬高,接近上齿龈,但不要接触;

(2)放低舌头中部,但抬高舌根,同时送气。

4. 实用发音指导

/r/ 是最难掌握发音的辅音之一,因为它对舌位的要求比较特殊。舌尖不再抵着口腔内任何一个具体的位置,所以很难检查发音时舌位是否正确。此外,发音时舌头的位置会发生变化,我们也很难靠外力来检测动作是否正确。

首先,我们将舌尖翘起,抵住上排牙齿后方的牙龈,然后微微松开,保持舌尖翘起的动作,此时唇部自然微张,完成发音前的准备动作。接着,声带振动,同时舌头后端逐渐升起,这样即可发出 /r/ 的卷舌音。至于如何确定自己的舌根是否抬高,我们可以通过感受自己口腔上下颌的闭合程度来进行判断。原本口腔里比较圆的空间会被挤压,可以感觉到口腔内上部有较强的共振。

5. 口型图

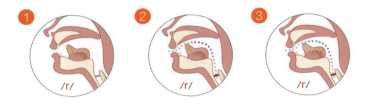

6. 单词

wrong, write, wrist

三、混合辅音

（一）字母 br

1. 音素

　/br/

2. 英文发音要领

　* /br/ is a combination of consonants /b/ and /r/. Please refer to their individual guides.

3. 中文发音要领

　* /br/ 是由两个辅音 /b/、/r/ 组合而成，发音要领参考 /b/ 音和 /r/ 音各自的发音要领。

4.实用发音指导

/br/ 是由两个辅音 /b/ 和 /r/ 组合而成,其发音重点在于从 /b/ 到 /r/ 的流畅过渡。中国学生在学习两个辅音的组合音时,很容易习惯性在前一个辅音的末尾插入一个短短的元音 /ə/。因此,在练习 /br/ 这个辅音组合音的时候,要注意控制不要插入多余的音素,流畅地从一个音滑向另一个。

5.口型图

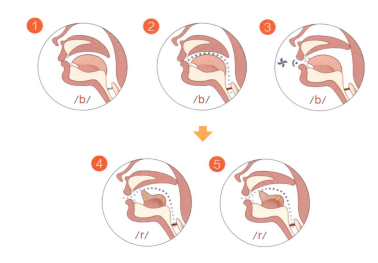

6.单词

bright, brim, bring

(二)字母 pr

1. 音素

/pr/

2. 英文发音要领

* /pr/ is a combination of consonants /p/ and /r/. Please refer to their individual guides.

3. 中文发音要领

* /pr/ 由两个辅音 /p/、/r/ 组合而成,发音要领参考 /p/ 音和 /r/ 音各自的发音要领。

4. 实用发音指导

/pr/ 是由两个辅音 /p/ 和 /r/ 组合而成,其发音重点在于从 /p/ 到 /r/ 的流畅过渡。中国学生在学习两个辅音的组合音时,很容易习惯性在前一个辅音的末尾插入一个短短的元音 /ə/。因此,在练习 /pr/ 这个辅音组合音的时候,要注意控制不要插入多余的音素,流畅地从一个音滑向另一个。

5. 口型图

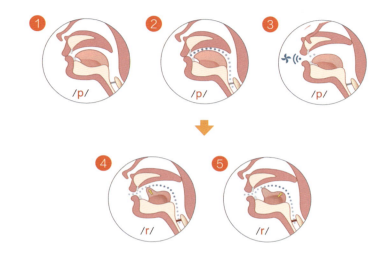

6. 单词

prank, print, pray

(三) 字母 cr

1. 音素

/kr/

2. 英文发音要领

* /cr/ is a combination of consonants /c/ and /r/. Please refer to their individual guides.

3.中文发音要领

* /cr/ 是由两个辅音 /c/、/r/ 组合而成，发音要领参考 /c/ 音和 /r/ 音各自的发音要领。

4.实用发音指导

/kr/ 是由两个辅音 /k/ 和 /r/ 组合而成，其发音重点在于从 /k/ 到 /r/ 的流畅过渡。中国学生在学习两个辅音的组合音时，很容易习惯性在前一个辅音的末尾插入一个短短的元音 /ə/。因此，在练习 /kr/ 这个辅音组合音的时候，要注意控制不要插入多余的音素，流畅地从一个音滑向另一个。

5.口型图

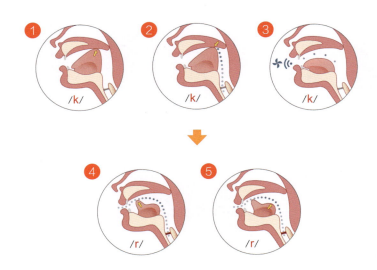

6. 单词

crab, crawl, cry

（四）字母 tr

1. 音素

/tr/

2. 英文发音要领

* /tr/ is a combination of consonants /t/ and /r/. Please refer to their individual guides.

3. 中文发音要领

* /tr/ 由两个辅音 /t/、/r/ 组合而成，发音要领参考 /t/ 音和 /r/ 音各自的发音要领。

4. 实用发音指导

/tr/ 由两个辅音 /t/ 和 /r/ 组合而成，其发音重点在于从 /t/ 到 /r/ 的流畅过渡。中国学生在学习两个辅音的组合音时，很容易习惯性在前一个辅音的末尾插入一个短短的元音 /ə/。因此，在练习 /tr/ 这个辅音组合音的时候，要注意控制不要插入多余的音素，流畅地从一个音滑向另一个。

5. 口型图

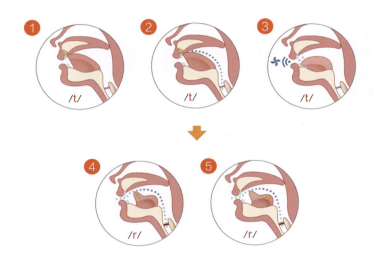

6. 单词

train, tree, trash

（五）字母 gr

1. 音素

/gr/

2. 英文发音要领

* /gr/ is a combination of consonants /g/ and /r/. Please refer to their individual guides.

3.中文发音要领

　　* /gr/ 是由两个辅音 /g/、/r/ 组合而成，发音要领参考 /g/ 音和 /r/ 音各自的发音要领。

4.实用发音指导

　　/gr/ 是由两个辅音 /g/ 和 /r/ 组合而成，其发音重点在于从 /g/ 到 /r/ 的流畅过渡。中国学生在学习两个辅音的组合音时，很容易习惯性在前一个辅音的末尾插入一个短短的元音 /ə/。因此，在练习 /gr/ 这个辅音组合音的时候，要注意控制不要插入多余的音素，流畅地从一个音滑向另一个。

5.口型图

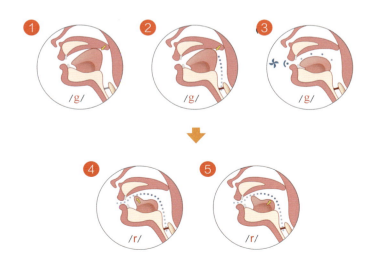

6. 单词

　　green, grass, gray

（六）字母 dr

1. 音素

　　/dr/

2. 英文发音要领

　　* /dr/ is a combination of consonants /d/ and /r/. Please refer to their individual guides.

3. 中文发音要领

　　* /dr/ 是由两个辅音 /d/、/r/ 组合而成，发音要领参考 /d/ 音和 /r/ 音各自的发音要领。

4. 实用发音指导

　　/dr/ 是由两个辅音 /d/ 和 /r/ 组合而成，其发音重点在于从 /d/ 到 /r/ 的流畅过渡。练习这个音的时候，可以先慢慢分别读这两个辅音，再逐渐加快速度，直到能将两个辅音连读到一起为止。中国学生在学习两个辅音的组合音时，很容易习惯性在前一个辅音的末尾插入一个短短的元音 /ə/。因此，在练习 /dr/ 这个辅音组合音的时候，要注意控制不要插入多余的音素，流畅地从一个音滑向另一个。

5. 口型图

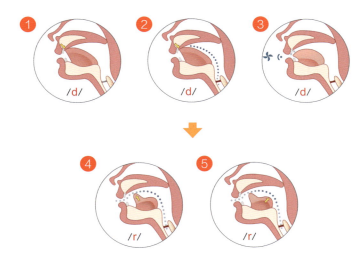

6. 单词

dress, drink, drought

(七) 字母 bl

1. 音素

/bl/

2. 英文发音要领

* /bl/ is a combination of consonants /b/ and /l/. Please refer to their individual guides.

3.中文发音要领

* /bl/ 由两个辅音 /b/、/l/ 组合而成,发音要领参考 /b/ 音和 /l/ 音各自的发音要领。

4.实用发音指导

/bl/ 由两个辅音 /b/ 和 /l/ 组合而成,其发音重点在于从 /b/ 到 /l/ 的流畅过渡。中国学生在学习两个辅音的组合音时,很容易习惯性在前一个辅音的末尾插入一个短短的元音 /ə/。因此,在练习 /bl/ 这个辅音组合音的时候,要注意控制不要插入多余的音素,流畅地从一个音滑向另一个。

5.口型图

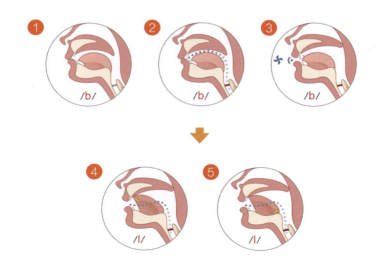

6.单词

　　bless, blue, blink

(八)字母 pl

1.音素

　　/pl/

2.英文发音要领

　　* /pl/ is a combination of consonants /p/ and /l/. Please refer to their individual guides.

3.中文发音要领

　　* /pl/ 是由两个辅音 /p/、/l/ 组合而成，发音要领参考 /p/ 音和 /l/ 音各自的发音要领。

4.实用发音指导

　　/pl/ 是由两个辅音 /p/ 和 /l/ 组合而成，其发音重点在于从 /p/ 到 /l/ 的流畅过渡。中国学生在学习两个辅音的组合音时，很容易习惯性在前一个辅音的末尾插入一个短短的元音 /ə/。因此，在练习 /pl/ 这个辅音组合音的时候，要注意控制不要插入多余的音素，流畅地从一个音滑向另一个。

5. 口型图

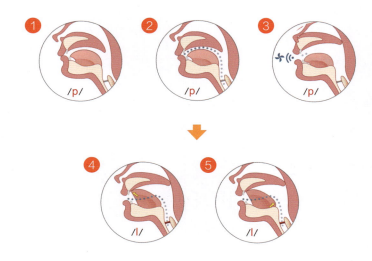

6. 单词

play, plain, plunge

(九) 字母 gl

1. 音素

/gl/

2. 英文发音要领

* /gl/ is a combination of consonants /g/ and /l/. Please refer to their individual guides.

3.中文发音要领

　　* /gl/ 是由两个辅音 /g/、/l/ 组合而成，发音要领参考 /g/ 音和 /l/ 音各自的发音要领。

4.实用发音指导

　　/gl/ 是由两个辅音 /g/ 和 /l/ 组合而成，其发音重点在于从 /g/ 到 /l/ 的流畅过渡。中国学生在学习两个辅音的组合音时，很容易习惯性在前一个辅音的末尾插入一个短短的元音 /ə/。因此，在练习 /gl/ 这个辅音组合音的时候，要注意控制不要插入多余的音素，流畅地从一个音滑向另一个。

5.口型图

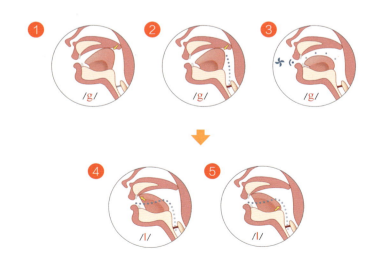

6. 单词

glass, glue, glide

（十）字母 cl

1. 音素

/kl/

2. 英文发音要领

* /kl/ is a combination of consonants /k/ and /l/. Please refer to their individual guides.

3. 中文发音要领

* /kl/ 是由两个辅音 /k/、/l/ 组合而成，发音要领参考 /k/ 音和 /l/ 音各自的发音要领。

4. 实用发音指导

/kl/ 是由两个辅音 /k/ 和 /l/ 组合而成，其发音重点在于从 /k/ 到 /l/ 的流畅过渡。中国学生在学习两个辅音的组合音时，很容易习惯性在前一个辅音的末尾插入一个短短的元音 /ə/。因此，在练习 /kl/ 这个辅音组合音的时候，要注意控制不要插入多余的音素，流畅地从一个音滑向另一个。

5.口型图

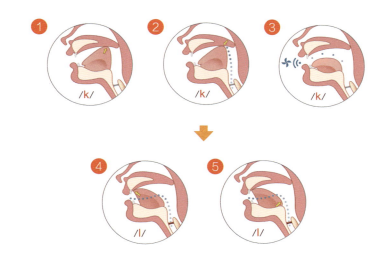

6.单词

clue, click, class

(十一)字母 fl

1.音素

/fl/

2.英文发音要领

* /fl/ is a combination of consonants /f/ and /l/. Please refer to their individual guides.

3. 中文发音要领

* /fl/ 是由两个辅音 /f/、/l/ 组合而成，发音要领参考 /f/ 音和 /l/ 音各自的发音要领。

4. 实用发音指导

/fl/ 是由两个辅音 /f/ 和 /l/ 组合而成，其发音重点在于从 /f/ 到 /l/ 的流畅过渡。中国学生在学习两个辅音的组合音时，很容易习惯性在前一个辅音的末尾插入一个短短的元音/ə/。因此，在练习/fl/这个辅音组合音的时候，要注意控制不要插入多余的音素，流畅地从一个音滑向另一个。

5. 口型图

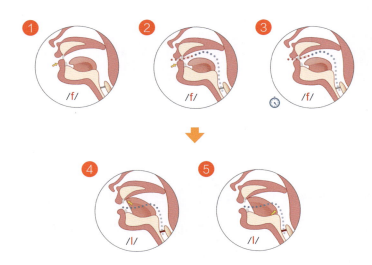

6. 单词

    flag, flip, flour

（十二）字母 sk

1. 音素

    /sk/

2. 英文发音要领

    * /sk/ is a combination of two consonants. The latter consonant /k/ loses its aspiration when it follows /s/ and precedes a vowel sound; therefore, this blend is practically realized as a combination of /s/ and /g/. Please refer to the individual guides of /s/ and /g/.

3. 中文发音要领

    * /sk/ 是由两个辅音组合而成。当 /sk/ 置于元音前时，/s/ 后的爆破音 /k/ 会失去爆破，/sk/ 的发音会变成 /s/ 和 /g/ 的组合音。发音要领参考 /s/ 音和 /g/ 音各自的发音要领。

4. 实用发音指导

    /sk/ 是由两个辅音 /s/ 和 /k/ 组合而成，其发音重点在于从 /s/ 到 /k/ 的流畅过渡。当这个组合音出现在单词末尾时，/sk/ 的发

音即为 /s/ 和 /k/ 的组合。但当它置于元音前时，/s/ 后的爆破音 /k/ 会失去爆破，发音听起来更像是 /sg/。中国学生在学习两个辅音的组合音时，很容易习惯性在前一个辅音的末尾插入一个短短的元音 /ə/。因此，在练习 /sk/ 这个辅音组合音的时候，要注意控制不要插入多余的音素，流畅地从一个音滑向另一个。

5. 口型图

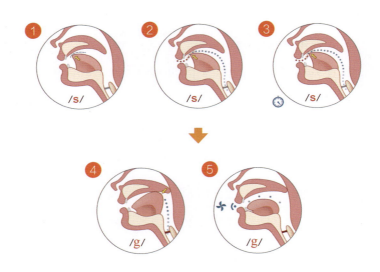

6. 单词

    skirt, sky, skip

(十三) 字母 sp

1. 音素
/sp/

2. 英文发音要领
* /sp/ is a combination of two consonants. The latter consonant /p/ loses its aspiration when it follows /s/ and precedes a vowel sound; therefore, this blend is practically realized as a combination of /s/ and /b/. Please refer to the individual guides of /s/ and /b/.

3. 中文发音要领
* /sp/ 是由两个辅音组合而成。当 /sp/ 置于元音前时，/s/ 后的爆破音 /p/ 会失去爆破，/sp/ 的发音会变成 /s/ 和 /b/ 的组合音。发音要领参考 /s/ 音和 /b/ 音各自的发音要领。

4. 实用发音指导
/sp/ 是由两个辅音 /s/ 和 /p/ 组合而成，其发音重点在于从 /s/ 到 /p/ 的流畅过渡。当这个组合音出现在单词末尾时，/sp/ 的发音即为 /s/ 和 /p/ 的组合。但当它置于元音前时，/s/ 后的爆破音 /p/ 会失去爆破，组合音中的 /p/ 和单独的 /p/ 相比送气量大幅减少，发音听起来更像是 /sb/。中国学生在学习两个辅音的组合音时，很容易习惯性在前一个辅音的末尾插入一个短短的元音 /ə/。因此，在练习 /sp/ 这个辅音组合音的时候，要注意控制不要插入多余的音素，流畅地从一个音滑向另一个。

5.口型图

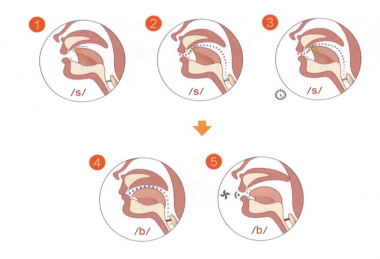

6.单词

    spin, spit, sport

（十四）字母 st

1.音素

    /st/

2. 英文发音要领

* /st/ is a combination of two consonants. The latter consonant /t/ loses its aspiration when it follows /s/ and precedes a vowel sound; therefore, this blend is practically realized as a combination of /s/ and /d/. Please refer to the individual guides of /s/ and /d/.

3. 中文发音要领

* /st/ 是由两个辅音组合而成。当 /st/ 置于元音前时，/s/ 后的爆破音/t/会失去爆破，/st/的发音会变成/s/和/d/的组合音。发音要领参考/s/音和/d/音各自的发音要领。

4. 实用发音指导

/st/ 是由两个辅音 /s/ 和 /t/ 组合而成，其发音重点在于从 /s/ 到 /t/ 的流畅过渡。当这个组合音出现在单词末尾时，/st/ 的发音即为 /s/ 和 /t/ 的组合。但当它置于元音前时，/s/ 后的爆破音 /t/ 会失去爆破，发音听起来更像是 /sd/。中国学生在学习两个辅音的组合音时，很容易习惯性在前一个辅音的末尾插入一个短短的元音 /ə/。因此，在练习 /st/ 这个辅音组合音的时候，要注意控制不要插入多余的音素，流畅地从一个音滑向另一个。

5. 口型图

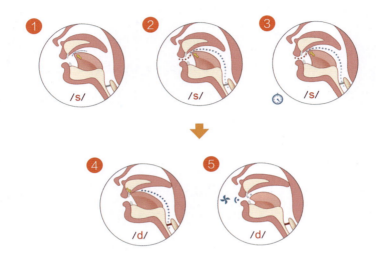

6. 单词

student, stupid, stool

(十五) 字母 sw

1. 音素

/sw/

2. 英文发音要领

* /sw/ is a combination of consonants /s/ and /w/. Please refer to their individual guides.

3. 中文发音要领

* /sw/ 是由两个辅音 /s/、/w/ 组合而成,发音要领参考 /s/ 音和 /w/ 音各自的发音要领。

4. 实用发音指导

/sw/ 是由两个辅音 /s/ 和 /w/ 组合而成,其发音重点在于从 /s/ 到 /w/ 的流畅过渡。中国学生在学习两个辅音的组合音时,很容易习惯性在前一个辅音的末尾插入一个短短的元音 /ə/。因此,在练习 /sw/ 这个辅音组合音的时候,要注意控制不要插入多余的音素,流畅地从一个音滑向另一个。

5. 口型图

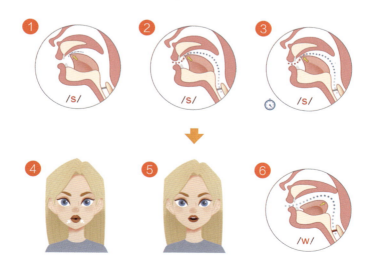

6. 单词

swim, swing, sway

（十六）字母 sl

1.音素

/sl/

2.英文发音要领

* /sl/ is a combination of consonants /s/ and /l/. Please refer to their individual guides.

3.中文发音要领

* /sl/ 是由两个辅音 /s/、/l/ 组合而成，发音要领参考 /s/ 音和 /l/ 音各自的发音要领。

4.实用发音指导

/sl/ 是由两个辅音 /s/ 和 /l/ 组合而成，其发音重点在于从 /s/ 到 /l/ 的流畅过渡。中国学生在学习两个辅音的组合音时，很容易习惯性在前一个辅音的末尾插入一个短短的元音 /ə/。因此，在练习 /sl/ 这个辅音组合音的时候，要注意控制不要插入多余的音素，流畅地从一个音滑向另一个。

5. 口型图

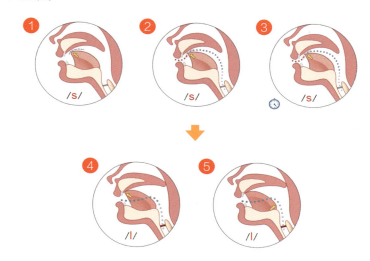

6. 单词

slow, slap, slight

四、短元音

(一)字母 a

1. 音素

/æ/

2.英文发音要领

（1）Open your mouth as wide as possible;

（2）Flatten your tongue, push it forward, and put your tongue very low in your mouth;

（3）The tip of your tongue touches the back of your bottom front teeth.

3.中文发音要领

（1）尽量张大你的嘴；

（2）舌头放平向前伸展，降低舌头在口腔中的位置；

（3）舌尖触碰下齿内侧。

4.实用发音指导

发音时，上下唇自然张大，嘴角向两边平伸，嘴唇放松。上下齿之间约一指宽，舌尖轻触下齿，舌前部微微抬起，舌位比 /e/ 低。这个音是四个前元音中舌位最低、但开口最大的一个。发音时逐渐压低舌头和下颚，尽可能夸张。另外，这个音属短元音，但在实际发音中有一定长度，发音时需要放缓速度，尽可能饱满、完整。

5. 口型图

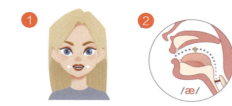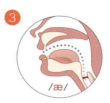

6. 单词

apple, ant, cat

(二)字母 e

1. 音素

/ɛ/

2. 英文发音要领

(1) Partially open your mouth, and slightly spread your lips and relax them;

(2) Push your tongue to the front of your mouth and relax it. Raise the middle of your tongue to the roof of your mouth;

(3) The tip of your tongue is just behind your bottom front teeth.

3.中文发音要领

(1)嘴巴半张,嘴唇轻轻张开,保持放松;

(2)舌头向前伸展并保持放松,舌头中部向上颚拱起;

(3)舌尖靠近下齿内侧。

4.实用发音指导

/ɛ/ 的发音相较于 /æ/ 来说不需要那么夸张的唇部动作。嘴唇向两侧微微分开,上下齿之间大约可容纳一个小指头尖的距离。保持相同的舌头位置,舌身正常放平,舌尖抵在下排牙齿的后侧。口腔内留出的空间无需太大,上下齿间距较 /æ/ 音要小。发音时下巴逐渐向下移动,振动声带,发出 /ɛ/ 音。

5.口型图

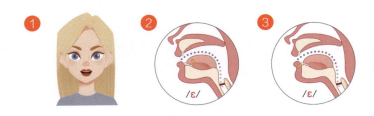

6.单词

egg, bed, pen

（三）字母 i

1.音素

/ɪ/

2.英文发音要领

（1）Slightly open your mouth, spread your lips, and relax them;

（2）Raise your tongue high in your mouth, and push it to the front. Keep your tongue relaxed;

（3）The tip of your tongue is just behind your bottom front teeth.

3.中文发音要领

（1）嘴巴轻张，双唇向两侧打开，嘴唇保持放松；

（2）抬高舌头并向前伸展，舌头保持放松；

（3）舌尖贴近下齿内侧。

4.实用发音指导

/ɪ/ 的发音重点在于关注嘴型和舌头的弧度。首先，下巴略微下降，保持嘴部整体较为放松的状态，嘴巴向两侧微微咧开，上下唇之间分开约一指的距离。接着，舌尖抵在下排牙齿后方，嘴唇微张，嘴角轻轻提起，形成一个似笑非笑的弧度，接着抬高舌头向前倾即可。

5. 口型图

 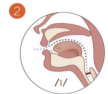 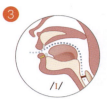

6. 单词

　　big, in, kid

（四）字母 o

1. 音素

　　/ɑ/

2. 英文发音要领

　　（1）Open your mouth wide, and relax your lips;

　　（2）Flatten your tongue, and place it very low in your mouth. Your tongue is in the center of your mouth;

　　（3）The tip of your tongue touches the back of your bottom front teeth.

3. 中文发音要领

　　（1）张大嘴，放松嘴唇；

(2)放平舌头并放低其在口腔中的位置,舌头应位于口腔中部;

(3)舌尖触碰下齿内侧。

4.实用发音指导

/ɑ/可以和/æ/进行对比练习,两者嘴部都有较大的动作变化。区别在于,相对于/æ/音,发/ɑ/音时,唇部在垂直方向上的变化幅度更大。简单来说,发/ɑ/音时的口型大小类似于惊讶时张开嘴巴的幅度。

5.口型图

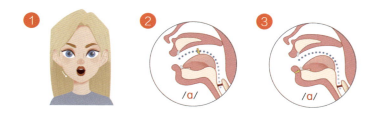

6.单词

got, ox, octopus

(五)字母 u

1.音素

/ʌ/

2.英文发音要领

(1) Open your mouth a bit, and relax your lips;

(2) Place your tongue in the middle of your mouth, and keep it relaxed.

3.中文发音要领

(1)嘴巴稍张,嘴唇放松;

(2)将舌头置于口腔中央并保持放松。

4.实用发音指导

/ʌ/ 是一个比较短促的元音并且是一个放松音,所以在发音的过程中要保持嘴唇和舌头的放松。发音时嘴唇稍稍张开即可,上下唇相距约 0.5~1.5 指。舌头放松,自然放在口腔中央,舌尖触碰到下齿内侧。随后送气发声,记得发音要短促,否则就是另外一个元音了。

5.口型图

 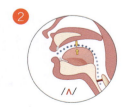

6. 单词

    cut, up, bug

五、长元音

（一）字母 ai

1. 音素

    /eɪ/

2. 英文发音要领

    （1）Partially open your mouth, and spread your lips wide;

    （2）Raise the middle of your tongue towards the roof of your mouth, and push it to the front;

    （3）The tip of your tongue is just behind your bottom front teeth.

3. 中文发音要领

    （1）嘴巴张开，将嘴角向两侧咧开；

    （2）抬起舌头中部靠向上颚，舌头整体向前伸展；

    （3）舌尖靠近下齿内侧。

4.实用发音指导

/eɪ/ 是一个长元音,也是字母 A 的发音。发英语里的长元音时,嘴唇和舌头都需要保持紧张状态。发 /eɪ/ 音时要张开嘴巴,嘴角在发音过程中逐渐向两侧咧开。/eɪ/ 的发音位置靠前,因此在发音过程中舌头位于口腔前侧。发音时舌尖靠近但是不触碰到中间的下齿,整个发音过程会让人有一种牙齿在逐渐咬合的感觉。

5.口型图

6.单词

rain, nail, tail

(二)字母 ay

1.音素

/eɪ/

2. 英文发音要领

(1) Partially open your mouth, and spread your lips wide;

(2) Raise the middle of your tongue towards the roof of your mouth, and push it to the front;

(3) The tip of your tongue is just behind your bottom front teeth.

3. 中文发音要领

(1) 嘴巴张开，将嘴角向两侧咧开；

(2) 抬起舌头中部靠向上颚，舌头整体向前伸展；

(3) 舌尖靠近下齿内侧。

4. 实用发音指导

/eɪ/ 是一个长元音，也是字母 A 的发音。发英语里的长元音时，嘴唇和舌头都需要保持紧张状态。发 /eɪ/ 音时要张开嘴巴，嘴角在发音过程中逐渐向两侧咧开。/eɪ/ 的发音位置靠前，因此在发音过程中舌头位于口腔前侧。发音时舌尖靠近但是不触碰到中间的下齿，整个发音过程会让人有一种牙齿在逐渐咬合的感觉。

5. 口型图

6. 单词

hay, may, jay

(三) 字母 a_e

1. 音素

/eɪ/

2. 英文发音要领

(1) Partially open your mouth, and spread your lips wide;

(2) Raise the middle of your tongue towards the roof of your mouth, and push it to the front;

(3) The tip of your tongue is just behind your bottom front teeth.

3. 中文发音要领

(1) 嘴巴张开，将嘴角向两侧咧开；

(2) 抬起舌头中部靠向上颚，舌头整体向前伸展；

(3) 舌尖靠近下齿内侧。

4. 实用发音指导

/eɪ/ 是一个长元音，也是字母 A 的发音。发英语里的长元音时，嘴唇和舌头都需要保持紧张状态。发 /eɪ/ 音时要张开嘴巴，嘴角在发音过程中逐渐向两侧咧开。/eɪ/ 的发音位置靠前，因此在发音过程中舌头位于口腔前侧。发音时舌尖靠近但是不触碰到中间的下齿，整个发音过程会让人有一种牙齿在逐渐咬合的感觉。

5. 口型图

6. 单词

tape, cape, cane

(四)字母 ee

1.音素

/i/

2.英文发音要领

(1) Open your mouth a little, and stretch your lips as wide as you can;

(2) Raise your tongue very high, and push it to the front of your mouth;

(3) The tip of your tongue is just behind your bottom teeth.

3.中文发音要领

(1)嘴巴微张,将嘴角向两侧尽可能咧开;

(2)将舌头抬到很高并向前伸展;

(3)舌尖靠近下齿内侧。

4.实用发音指导

/i/ 是一个长元音,也是字母E的发音。发英语里的长元音时,嘴唇和舌头都需要保持紧张状态。发 /i/ 音时,嘴巴微张即可,但是嘴角需要尽可能向两侧咧开,可以对着镜子观察练习。/i/ 的发音位置靠前且较高,因此在发音过程中舌头位于口腔内一个靠前且较高的位置。发音时舌尖靠近但是不触碰到中间的下齿,能感受到脖子下端乃至胸腔上半部分都在发声。

5.口型图

 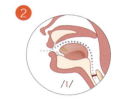 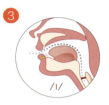

6.单词

bee, feet, seed

(五)字母 ea

1.音素

/i/

2.英文发音要领

(1) Open your mouth a little, and stretch your lips as wide as you can;

(2) Raise your tongue very high, and push it to the front of your mouth;

(3) The tip of your tongue is just behind your bottom teeth.

3. 中文发音要领

(1)嘴巴微张,将嘴角向两侧尽可能咧开;

(2)将舌头抬到很高并向前伸展;

(3)舌尖靠近下齿内侧。

4. 实用发音指导

/i/是一个长元音,也是字母E的发音。发英语里的长元音时,嘴唇和舌头都需要保持紧张状态。发 /i/ 音时,嘴巴微张即可,但是嘴角需要尽可能向两侧咧开,可以对着镜子观察练习。/i/ 的发音位置靠前且较高,因此在发音过程中舌头位于口腔内一个靠前且较高的位置。发音时舌尖靠近但是不触碰到中间的下齿,能感受到脖子下端乃至胸腔上半部分都在发声。

5. 口型图

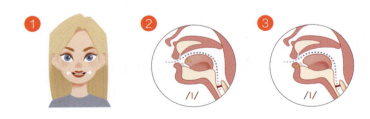

6. 单词

leaf, eat, sea

（六）字母 ey

1.音素

/i/

2.英文发音要领

（1）Open your mouth a little, and stretch your lips as wide as you can;

（2）Raise your tongue very high, and push it to the front of your mouth;

（3）The tip of your tongue is just behind your bottom teeth.

3.中文发音要领

（1）嘴巴微张，将嘴角向两侧尽可能咧开；

（2）将舌头抬到很高并向前伸展；

（3）舌尖靠近下齿内侧。

4.实用发音指导

/i/是一个长元音，也是字母E的发音。发英语里的长元音时，嘴唇和舌头都需要保持紧张状态。发 /i/ 音时，嘴巴微张即可，但是嘴角需要尽可能向两侧咧开，可以对着镜子观察练习。/i/ 的发音位置靠前且较高，因此在发音过程中舌头位于口腔内一个靠前且较高的位置。发音时舌尖靠近但是不触碰到中间的下齿，能感受到脖子下端乃至胸腔上半部分都在发声。

5. 口型图

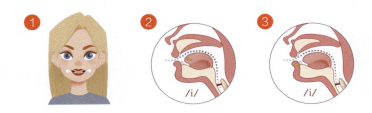

6. 单词

key, journey, grey

(七) 字母 y

1. 音素

/i/

2. 英文发音要领

(1) Open your mouth a little, and stretch your lips as wide as you can;

(2) Raise your tongue very high, and push it to the front of your mouth;

(3) The tip of your tongue is just behind your bottom teeth.

3.中文发音要领

(1) 嘴巴微张,将嘴角向两侧尽可能咧开;

(2) 将舌头抬到很高并向前伸展;

(3) 舌尖靠近下齿内侧。

4.实用发音指导

/i/ 是一个长元音,也是字母E的发音。发英语里的长元音时,嘴唇和舌头都需要保持紧张状态。发 /i/ 音时,嘴巴微张即可,但是嘴角需要尽可能向两侧咧开,可以对着镜子观察练习。/i/ 的发音位置靠前且较高,因此在发音过程中舌头位于口腔内一个靠前且较高的位置。发音时舌尖靠近但是不触碰到中间的下齿,能感受到脖子下端乃至胸腔上半部分都在发声。

5.口型图

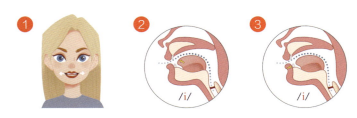

6.单词

happy, candy, sleepy

（八）字母 i_e

1. 音素

/aɪ/

2. 英文发音要领

（1）Open your mouth as wide as possible, and relax your lips;

（2）Flatten your tongue, and place it very low in your mouth;

（3）The tip of your tongue touches the back of your bottom front teeth;

（4）Smoothly close your jaw until your mouth is almost closed, and push your tongue forward, raising it high in your mouth.

3. 中文发音要领

（1）尽量张大嘴巴，放松嘴唇；

（2）舌头放平，舌位放低；

（3）舌尖触碰下齿内侧；

（4）平缓地抬起下巴至嘴巴仅微张，将舌头向前伸展并抬高舌位。

4.实用发音指导

/aɪ/ 是一个长元音,由元音 /a/ 和 /ɪ/ 组合而成。发音时要注意从第一个元音 /a/ 向第二个元音 /ɪ/ 的过渡。作为组合元音,/aɪ/ 的发音重心放在前一个元音上。发前面的元音 /a/ 时,要把嘴巴尽可能地张大,嘴唇保持放松。因为 /a/ 的发音位置较低,所以舌头要在嘴里放平且置于一个较低的位置且舌尖会触碰到下齿中部内侧。下一步是从 /a/ 转换到 /ɪ/,要完成这一过渡需要平缓地抬起下巴至嘴巴仅微张即可。由于 /ɪ/ 的发音位置靠前且较高,所以需要抬高舌位并将舌头向前伸展。发这个音既需要调整嘴巴的张开幅度,也需要改变舌位,因此需要多加练习。整个发音过程会让人有一种牙齿在逐渐咬合的感觉。注意全程嘴角是放松的。

5.口型图

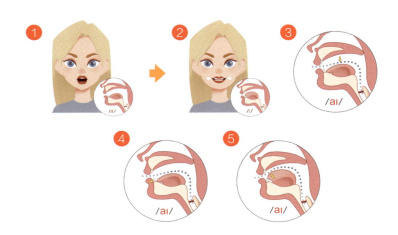

6. 单词

　　like, bike, hike

（九）字母 igh

1. 音素

　　/aɪ/

2. 英文发音要领

　　(1) Open your mouth as wide as possible, and relax your lips;

　　(2) Flatten your tongue, and place it very low in your mouth;

　　(3) The tip of your tongue touches the back of your bottom front teeth;

　　(4) Smoothly close your jaw until your mouth is almost closed, and push your tongue forward, raising it high in your mouth.

3. 中文发音要领

　　(1) 尽量张大嘴巴，放松嘴唇；

　　(2) 舌头放平，舌位放低；

（3）舌尖触碰下齿内侧；

（4）平缓地抬起下巴至嘴巴仅微张，将舌头向前伸展并抬高舌位。

4.实用发音指导

/aɪ/ 是一个长元音，由元音 /a/ 和 /ɪ/ 组合而成。发音时要注意从第一个元音/a/向第二个元音/ɪ/的过渡。作为组合元音，/aɪ/ 的发音重心放在前一个元音上。发前面的元音 /a/ 时，要把嘴巴尽可能地张大，嘴唇保持放松。因为 /a/ 的发音位置较低，所以舌头要在嘴里放平且置于一个较低的位置且舌尖会触碰到下齿中部内侧。下一步是从 /a/ 转换到 /ɪ/，要完成这一过渡需要平缓地抬起下巴至嘴巴仅微张即可。由于 /ɪ/ 的发音位置靠前且较高，所以需要抬高舌位并将舌头向前伸展。发这个音既需要调整嘴巴的张开幅度，也需要改变舌位，因此需要多加练习。整个发音过程会让人有一种牙齿在逐渐咬合的感觉。注意全程嘴角是放松的。

5.口型图

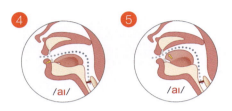

6.单词

light, night, high

（十）字母 ie

1.音素

/aɪ/

2.英文发音要领

（1）Open your mouth as wide as possible, and relax your lips;

（2）Flatten your tongue, and place it very low in your mouth;

（3）The tip of your tongue touches the back of your bottom front teeth;

（4）Smoothly close your jaw until your mouth is almost closed, and push your tongue forward, raising it high in your mouth.

3.中文发音要领

　　(1)尽量张大嘴巴,放松嘴唇;

　　(2)舌头放平,舌位放低;

　　(3)舌尖触碰下齿内侧;

　　(4)平缓地抬起下巴至嘴巴仅微张,将舌头向前伸展并抬高舌位。

4.实用发音指导

　　/aɪ/是一个长元音,由元音/a/和/ɪ/组合而成。发音时要注意从第一个元音/a/向第二个元音/ɪ/的过渡。作为组合元音,/aɪ/的发音重心放在前一个元音上。发前面的元音/a/时,要把嘴巴尽可能地张大,嘴唇保持放松。因为/a/的发音位置较低,所以舌头要在嘴里放平且置于一个较低的位置且舌尖会触碰到下齿中部内侧。下一步是从/a/转换到/ɪ/,要完成这一过渡需要平缓地抬起下巴至嘴巴仅微张即可。由于/ɪ/的发音位置靠前且较高,所以需要抬高舌位并将舌头向前伸展。发这个音既需要调整嘴巴的张开幅度,也需要改变舌位,因此需要多加练习。整个发音过程会让人有一种牙齿在逐渐咬合的感觉。注意全程嘴角是放松的。

5. 口型图

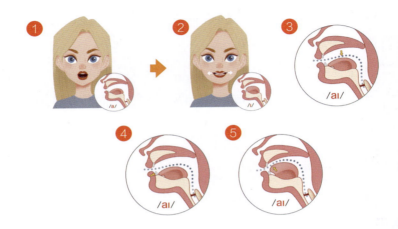

6. 单词

　　lie, pie, die

（十一）字母 y

1. 音素

　　/aɪ/

2. 英文发音要领

　　（1）Open your mouth as wide as possible, and relax your lips;

　　（2）Flatten your tongue, and place it very low in your mouth;

　　（3）The tip of your tongue touches the back of your bottom front teeth;

(4) Smoothly close your jaw until your mouth is almost closed, and push your tongue forward, raising it high in your mouth.

3. 中文发音要领

(1) 尽量张大嘴巴，放松嘴唇；

(2) 舌头放平，舌位放低；

(3) 舌尖触碰下齿内侧；

(4) 平缓地抬起下巴至嘴巴仅微张，将舌头向前伸展并抬高舌位。

4. 实用发音指导

/aɪ/ 是一个长元音，由元音 /a/ 和 /ɪ/ 组合而成。发音时要注意从第一个元音 /a/ 向第二个元音 /ɪ/ 的过渡。作为组合元音，/aɪ/ 的发音重心放在前一个元音上。发前面的元音 /a/ 时，要把嘴巴尽可能地张大，嘴唇保持放松。因为 /a/ 的发音位置较低，所以舌头要在嘴里放平且置于一个较低的位置且舌尖会触碰到下齿中部内侧。下一步是从 /a/ 转换到 /ɪ/，要完成这一过渡需要平缓地抬起下巴至嘴巴仅微张即可。由于 /ɪ/ 的发音位置靠前且较高，所以需要抬高舌位并将舌头向前伸展。发这个音既需要调整嘴巴的张开幅度，也需要改变舌位，因此需要多加练习。整个发音过程会让人有一种牙齿在逐渐咬合的感觉。注意全程嘴角是放松的。

5. 口型图

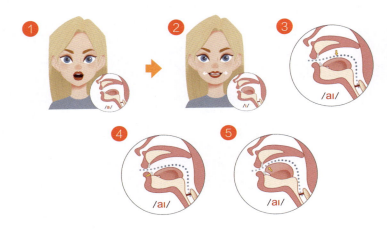

6. 单词

　　try, sky, my

（十二）字母 o_e

1. 音素

　　/oʊ/

2. 英文发音要领

　　（1）Round your lips, and pull them in a tight circle;

　　（2）Pull your tongue back, and tense it.

3.中文发音要领

(1)嘴唇收圆并收紧;

(2)舌头向后收并保持紧张状态。

4.实用发音指导

/oʊ/ 是一个长元音,也是字母 O 的读音。发这个音时需要注意保持唇部和舌头处于紧张状态。发音时先将双唇收圆,就像字母 O 的形状,双唇相距约两指。由于 /oʊ/ 的发音位置靠后,发音时要将舌头向后收并抬起。

5.口型图

6.单词

nose, pose, hose

(十三)字母 oa

1.音素

/oʊ/

2.英文发音要领

(1) Round your lips, and pull them in a tight circle;

(2) Pull your tongue back, and tense it.

3.中文发音要领

(1)嘴唇收圆并收紧；

(2)舌头向后收并保持紧张状态。

4.实用发音指导

/oʊ/ 是一个长元音，也是字母 O 的读音。发这个音时需要注意保持唇部和舌头处于紧张状态。发音时先将双唇收圆，就像字母 O 的形状，双唇相距约两指。由于 /oʊ/ 的发音位置靠后，发音时要将舌头向后收并抬起。

5.口型图

6.单词

soap, coat, road

（十四）字母 ow

1.音素

/oʊ/

2.英文发音要领

（1）Round your lips, and pull them in a tight circle;

（2）Pull your tongue back, and tense it.

3.中文发音要领

（1）嘴唇收圆并收紧；

（2）舌头向后收并保持紧张状态。

4.实用发音指导

/oʊ/ 是一个长元音，也是字母 O 的读音。发这个音时需要注意保持唇部和舌头处于紧张状态。发音时先将双唇收圆，就像字母 O 的形状，双唇相距约两指。由于 /oʊ/ 的发音位置靠后，发音时要将舌头向后收并抬起。

5.口型图

6. 单词

　　bow, row, yellow

（十五）字母 u_e

1. 音素

　　/ju/

2. 英文发音要领

　　* /ju/ is a combination of consonant /j/ and vowel /u/. Please refer to their individual guides.

3. 中文发音要领

　　* /ju/ 由辅音 /j/ 和元音 /u:/ 组合而成，发音要领参考 /j/ 音和 /u/ 音各自的发音要领。

4. 实用发音指导

　　/ju/ 是字母 U 的读音，是元音和辅音的组合音。发第一个音 /j/ 时，嘴巴稍张，抬高舌身但降低舌尖，使舌头呈拱起的状态。接着发 /u/ 这个长元音。嘴型方面，要把双唇向前撅起；在口腔内部，则要将舌头向后拉，使舌根贴近喉咙。

5.口型图

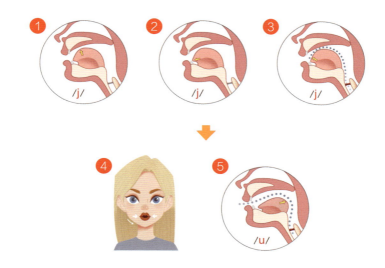

6.单词

cute, mute, cube

六、带有"r"的元音

(一)字母 ar

1.音素

/ɑr/

2. 英文发音要领

(1) Open your mouth as wide as possible, and relax your lips;

(2) Flatten your tongue, and place it very low in the center of your mouth;

(3) The tip of your tongue touches the back of your bottom front teeth;

(4) Then curl back the tip of your tongue, slightly lower the center of your tongue, and raise its back.

3. 中文发音要领

(1) 尽量张大嘴巴并保持唇部放松；

(2) 舌头放平，降低舌位并将其置于口腔中部；

(3) 舌尖触碰下齿内侧；

(4) 随后舌尖向后卷，稍稍放低舌头中部并抬起舌根。

4. 实用发音指导

/ɑr/ 是一个卷舌化元音，由元音 /ɑ/ 和卷舌音 /r/ 组成。在发卷舌化元音时，发音重点在前面的元音上。后面卷舌音 /r/ 的发音方法和中文里儿化音的发音方法有相似之处。发前面的元音 /ɑ/ 时，首先要张大嘴巴，这样才能发出一个饱满的 /ɑ/。因为 /ɑ/ 的发声位置较低，所以要将舌头在口腔内放平并降低舌位，舌尖触碰下齿内侧中部。发完 /ɑ/ 音之后，再流畅地过渡到卷舌音 /r/。这时需要把舌尖向后卷,让整个舌头呈一个"凹"字形,即两端高中间低。在练习时,要注意舌尖在口腔里位置的变化,舌尖的动作是连接 /ɑ/ 和 /r/ 两个音的重点。

5. 口型图

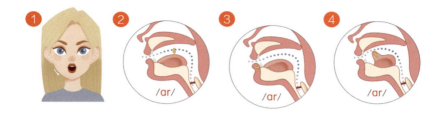

6. 单词

art, arm, far

(二) 字母 er

1. 音素

/ɝ/

2. 英文发音要领

(1) Open your mouth a little;

(2) Raise the tip of your tongue towards your tooth ridge and create a gap in between;

(3) Slightly lower the center of your tongue, and raise its back.

3. 中文发音要领

(1) 嘴巴微张；

(2) 抬高舌尖靠近上齿龈，在舌尖和上齿龈间形成一道小缝；

(3) 微微放低舌头中部并抬高舌根。

4. 实用发音指导

/ɝ/ 是一个经常出现在单词中部或者末尾的卷舌元音。发这个音的关键在于舌头在口腔内的动作。嘴巴微微张开，抬高舌尖靠近上门牙内侧。舌头要拗成一个"凹"字形，即两端高中间低。

5. 口型图

6. 单词

father, mother, sister

(三)字母 ir

1. 音素

/ɜ˞/

2. 英文发音要领

(1) Open your mouth a little;

(2) Raise the tip of your tongue towards your tooth ridge and create a gap in between;

(3) Slightly lower the center of your tongue, and raise its back.

3. 中文发音要领

(1) 嘴巴微张;

(2) 抬高舌尖靠近上齿龈,在舌尖和上齿龈间形成一道小缝;

(3) 微微放低舌头中部并抬高舌根。

4. 实用发音指导

/ɜ˞/ 是一个经常出现在单词中部或者末尾的卷舌元音。发这个音的关键在于舌头在口腔内的动作。嘴巴微微张开,抬高舌尖靠近上门牙内侧。舌头要拗成一个"凹"字形,即两端高中间低。

5. 口型图

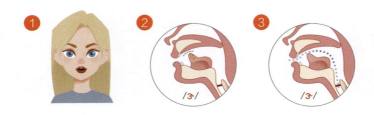

6. 单词

shirt, skirt, first

（四）字母 or

1. 音素

/ɔr/

2. 英文发音要领

（1）Open your mouth as wide as possible, and round your lips;

（2）Flatten your tongue, pull it back, and place your tongue very low in your mouth;

（3）The tip of your tongue touches the back of your bottom front teeth;

（4）Then curl back the tip of your tongue, slightly lower the center of your tongue, and raise its back.

3.中文发音要领

(1)尽量张大嘴巴,双唇收圆;

(2)将舌头放平并向后拉,降低舌位;

(3)舌尖触碰下齿内侧;

(4)随后舌尖向后卷,稍稍放低舌头中部并抬起舌根。

4.实用发音指导

/ɔr/ 是一个卷舌化元音,由元音 /ɔ/ 和卷舌音 /r/ 组成。在发卷舌化元音时,发音重点在前面的元音上。后面卷舌音 /r/ 的发音方法和中文里儿化音的发音方法有相似之处。发前面的元音 /ɔ/ 时,首先要尽量张大嘴巴,让双唇形成一个饱满的圆形。因为 /ɔ/ 的发声位置较低且靠后,所以要将舌头在口腔内放平并向后拉,能感觉到舌根在靠向喉咙,舌尖触碰下齿中部。发完 /ɔ/ 音之后,再流畅地过渡到卷舌音 /r/。这时需要把舌尖向后卷,让整个舌头呈一个"凹"字形,即两端高中间低。在练习时,要注意舌尖在口腔里位置的变化,舌尖的动作是连接 /ɔ/ 和 /r/ 两个音的重点。

5.口型图

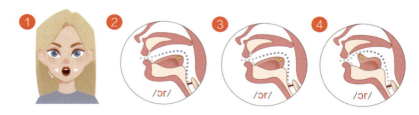

6. 单词

　　storm, form, sport

（五）字母 ur

1. 音素

　　/ɝ/

2. 英文发音要领

　　（1）Open your mouth a little;

　　（2）Raise the tip of your tongue towards your tooth ridge and create a gap in between;

　　（3）Slightly lower the center of your tongue, and raise its back.

3. 中文发音要领

　　（1）嘴巴微张；

　　（2）抬高舌尖靠近上齿龈，在舌尖和上齿龈间形成一道小缝；

　　（3）微微放低舌头中部并抬高舌根。

4. 实用发音指导

　　/ɝ/ 是一个经常出现在单词中部或者末尾的卷舌元音。发这个音的关键在于舌头在口腔内的动作。嘴巴微微张开，抬高舌尖靠近上门牙内侧。舌头要拗成一个"凹"字形,即两端高中间低。

5. 口型图

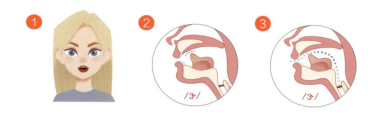

6. 单词

purple, turtle, fur

(六)字母 ear

1. 音素

/ɪr/

2. 英文发音要领

(1) Slightly open your mouth, spread your lips, and relax them;

(2) Raise your tongue high in the mouth, and push it to the front;

（3）The tip of your tongue is just behind your bottom front teeth;

（4）Then curl back the tip of your tongue, slightly lower the center of your tongue, and raise its back.

3. 中文发音要领

（1）嘴巴微张，嘴角向两侧咧开，唇部放松；

（2）抬高舌位并将舌头向前伸展；

（3）舌尖靠近下齿内侧；

（4）随后将舌尖向后卷，稍稍放低舌头中部并抬起舌根。

4. 实用发音指导

/ɪr/ 是一个卷舌化元音，由元音 /ɪ/ 和卷舌音 /r/ 组成。在发卷舌化元音时，发音重点在前面的元音上。后面卷舌音 /r/ 的发音方法和中文里儿化音的发音方法有相似之处。发前面的元音 /ɪ/ 时，首先要把嘴巴微微张开，嘴角向两侧咧开。因为 /ɪ/ 的发音位置较高且靠前，所以在口腔内部要将舌头向前伸并抬高舌位，舌尖靠近下齿内侧。发完 /ɪ/ 音之后，再流畅地过渡到卷舌音 /r/。这时需要把舌尖向后卷，让整个舌头呈一个"凹"字形，即两端高中间低。在练习时，要注意舌尖在口腔里位置的变化，舌尖的动作是连接 /ɪ/ 和 /r/ 两个音的重点。

5. 口型图

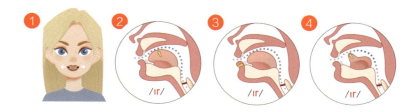

6. 单词

ear, year, hear

(七) 字母 air

1. 音素

/ɛr/

2. 英文发音要领

(1) Partially open your mouth, slightly spread your lips, and relax them;

(2) Push your tongue to the front of your mouth, and relax it;

(3) Raise the middle of your tongue to the roof of your mouth;

(4) The tip of your tongue is just behind your bottom front teeth;

（5）Then curl back the tip of your tongue, slightly lower the center of your tongue, and raise its back.

3. 中文发音要领

（1）嘴巴半张，嘴角向两侧咧开，唇部放松；

（2）舌头向前伸展并放松；

（3）抬高舌头中部，使其靠近上颚；

（4）舌尖靠近下齿内侧；

（5）随后将舌尖向后卷，稍稍放低舌头中部并抬起舌根。

4. 实用发音指导

/εr/ 是一个卷舌化元音，由元音 /ε/ 和卷舌音 /r/ 组成。在发卷舌化元音时，发音重点在前面的元音上。后面卷舌音 /r/ 的发音方法和中文里儿化音的发音方法有相似之处。发前面的元音 /ε/ 时，首先要把嘴巴微微张开，嘴角向两侧咧开，双唇放松。因为 /ε/ 的发音位置靠前，所以在口腔内部要将舌头向前伸，舌尖靠近下齿内侧。此时的舌头舌尖靠前，舌中部略微向上抬。发完 /ε/ 音之后，再流畅地过渡到卷舌音 /r/。这时需要把舌尖向后卷，让整个舌头呈一个"凹"字形，即两端高中间低。在练习时，要注意舌尖在口腔里位置的变化，舌尖的动作是连接 /ε/ 和 /r/ 两个音的重点。

5. 口型图

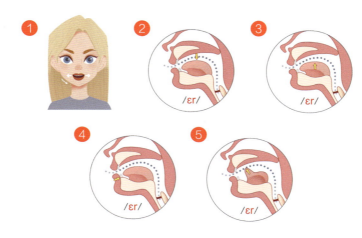

6. 单词

air, glair, fair

（八）字母 our

1. 音素

/ɔr/

2. 英文发音要领

（1）Open your mouth as wide as possible, and round your lips;

（2）Flatten your tongue, pull it back, and place your tongue very low in your mouth;

(3) The tip of your tongue touches the back of your bottom front teeth;
　　(4) Then curl back the tip of your tongue, slightly lower the center of your tongue, and raise its back.

3.中文发音要领

　　(1)尽量张大嘴巴,双唇收圆;
　　(2)将舌头放平并向后拉,降低舌位;
　　(3)舌尖触碰下齿内侧;
　　(4)随后舌尖向后卷,稍稍放低舌头中部并抬起舌根。

4.实用发音指导

　　/ɔr/ 是一个卷舌化元音,由元音 /ɔ/ 和卷舌音 /r/ 组成。在发卷舌化元音时,发音重点在前面的元音上。后面卷舌音 /r/ 的发音方法和中文里儿化音的发音方法有相似之处。发前面的元音 /ɔ/ 时,首先要尽量张大嘴巴,让双唇形成一个饱满的圆形。因为 /ɔ/ 的发声位置较低且靠后,所以要将舌头在口腔内放平并向后拉,能感觉到舌根在靠向喉咙,舌尖触碰下齿中部。发完 /ɔ/ 音之后,再流畅地过渡到卷舌音 /r/。这时需要把舌尖向后卷,让整个舌头呈一个"凹"字形,即两端高中间低。在练习时,要注意舌尖在口腔里位置的变化,舌尖的动作是连接 /ɔ/ 和 /r/ 两个音的重点。

5. 口型图

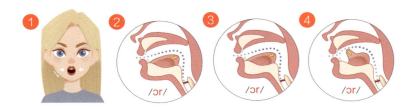

6. 单词

pour, four, course

（九）字母 oar

1. 音素

/ɔr/

2. 英文发音要领

(1) Open your mouth as wide as possible, and round your lips;

(2) Flatten your tongue, pull it back, and place your tongue very low in your mouth;

(3) The tip of your tongue touches the back of your bottom front teeth;

(4) Then curl back the tip of your tongue, slightly lower the center of your tongue, and raise its back.

3.中文发音要领

(1)尽量张大嘴巴,双唇收圆;

(2)将舌头放平并向后拉,降低舌位;

(3)舌尖触碰下齿内侧;

(4)随后舌尖向后卷,稍稍放低舌头中部并抬起舌根。

4.实用发音指导

/ɔr/ 是一个卷舌化元音,由元音 /ɔ/ 和卷舌音 /r/ 组成。在发卷舌化元音时,发音重点在前面的元音上。后面卷舌音 /r/ 的发音方法和中文里儿化音的发音方法有相似之处。发前面的元音 /ɔ/ 时,首先要尽量张大嘴巴,让双唇形成一个饱满的圆形。因为 /ɔ/ 的发声位置较低且靠后,所以要将舌头在口腔内放平并向后拉,能感觉到舌根在靠向喉咙,舌尖触碰下齿中部。发完 /ɔ/ 音之后,再流畅地过渡到卷舌音 /r/。这时需要把舌尖向后卷,让整个舌头呈一个"凹"字形,即两端高中间低。在练习时,要注意舌尖在口腔里位置的变化,舌尖的动作是连接 /ɔ/ 和 /r/ 两个音的重点。

5.口型图

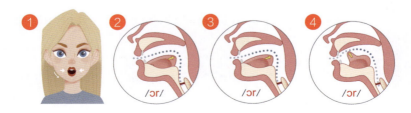

6. 单词

　　roar, soar, board

七、复合元音

（一）字母 aw

1. 音素

　　/ɔ/

2. 英文发音要领

（1）Open your mouth as wide as possible, and round your lips;

（2）Flatten your tongue, pull it back, and place your tongue very low in your mouth;

（3）The tip of your tongue touches the back of your bottom front teeth.

3. 中文发音要领

（1）尽量张大嘴巴,双唇收圆;

（2）舌头放平向后拉并降低舌位;

（3）舌尖触碰下齿内侧。

4.实用发音指导

发元音 /ɔ/ 时，要把嘴巴尽量张大，让双唇形成一个饱满的圆形，同时嘴唇微微向前撅起。/ɔ/ 的发音位置较低且靠后，因此要在口腔里把舌头放平并向后拉，能感觉到舌根在靠向喉咙，舌尖触碰下齿中部。/ɔ/ 听起来和另外一个元音 /ɑ/ 有点类似，但可以从元音发声的长短上进行区分：前者较长，后者则明显短促。

5.口型图

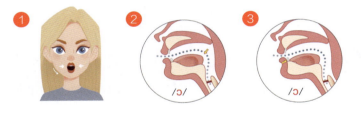

6.单词

flaw, law, saw

（二）字母 ue

1.音素

/u/

2.英文发音要领

（1）Open your mouth a little, and push your lips out;

（2）Pull your tongue back towards your throat, and raise the back of your tongue towards the roof of your mouth.

3.中文发音要领

（1）嘴巴微张，双唇向前撅起；

（2）将舌头向后拉，靠向喉咙，抬起舌根靠近上颚。

4.实用发音指导

/u/ 的发音时间较长，需要保持嘴唇和舌头处于紧张状态。唇部方面，嘴巴微张，双唇向前撅起，但是不要撅得太夸张。因为 /u/ 的发音位置靠后，所以在舌位方面，要将舌头向后方拉，以让舌根贴近喉咙并向上抬起靠近上颚。

5.口型图

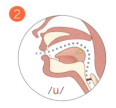

6.单词

blue, glue, clue

（三）字母 ui

1.音素

/u/

2.英文发音要领

（1）Open your mouth a little, and push your lips out;

（2）Pull your tongue back towards your throat, and raise the back of your tongue towards the roof of your mouth.

3.中文发音要领

（1）嘴巴微张，双唇向前撅起；

（2）将舌头向后拉，靠向喉咙，抬起舌根靠近上颚。

4.实用发音指导

/u/ 的发音时间较长，需要保持嘴唇和舌头处于紧张状态。唇部方面，嘴巴微张，双唇向前撅起，但是不要撅得太夸张。因为 /u/ 的发音位置靠后，所以在舌位方面，要将舌头向后方拉，以让舌根贴近喉咙并向上抬起靠近上颚。

5.口型图

 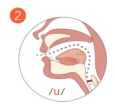

6.单词

　　fruit, suit, juice

（四）字母 ew

1.音素

　　/u/

2.英文发音要领

　　（1）Open your mouth a little, and push your lips out;
　　（2）Pull your tongue back towards your throat, and raise the back of your tongue towards the roof of your mouth.

3.中文发音要领

　　（1）嘴巴微张,双唇向前撅起；
　　（2）将舌头向后拉,靠向喉咙,抬起舌根靠近上颚。

4.实用发音指导

/u/ 的发音时间较长，需要保持嘴唇和舌头处于紧张状态。唇部方面，嘴巴微张，双唇向前撅起，但是不要撅得太夸张。因为 /u/ 的发音位置靠后，所以在舌位方面，要将舌头向后方拉，以让舌根贴近喉咙并向上抬起靠近上颚。

5.口型图

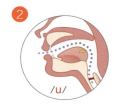

6.单词

new, dew, crew

（五）字母 oo

1.音素

/u/

2.英文发音要领

（1）Open your mouth a little, and push your lips out;

（2）Pull your tongue back towards your throat, and raise the back of your tongue towards the roof of your mouth.

3.中文发音要领

(1)嘴巴微张,双唇向前撅起;

(2)将舌头向后拉,靠向喉咙,抬起舌根靠近上颚。

4.实用发音指导

/u/ 的发音时间较长,需要保持嘴唇和舌头处于紧张状态。唇部方面,嘴巴微张,双唇向前撅起,但是不要撅得太夸张。因为 /u/ 的发音位置靠后,所以在舌位方面,要将舌头向后方拉,以让舌根贴近喉咙并向上抬起靠近上颚。

5.口型图

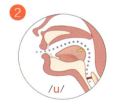

6.单词

moon, zoo, food, boot

(六)字母 oo

1.音素

/ʊ/

2.英文发音要领

(1) Slightly open your mouth, round your lips, and relax them;

(2) Pull your tongue back in your mouth and relax it. Lift the back of your tongue towards the roof of your mouth.

3.中文发音要领

(1)嘴巴微张,嘴唇收成圆形,保持唇部放松;

(2)在口腔内把舌头向后拉并保持舌头的放松,舌根向上颚抬起。

4.实用发音指导

/ʊ/的发音时间较短,需要保持嘴巴和舌头都处于放松状态。在唇部方面,嘴巴微张,不需要往外撇,但是双唇要收成一个小圈。因为/ʊ/的发音位置靠后,所以在舌位方面,要将舌头向后拉,让舌根靠近喉咙,同时还要向上抬起,使舌根靠向上颚。

5.口型图

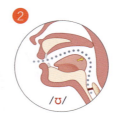

6. 单词

　　book, hook

八、混合元音

（一）字母 oi

1. 音素

　　/ɔɪ/

2. 英文发音要领

　　（1）Open your mouth as wide as possible, and round your lips;

　　（2）Flatten your tongue, pull it back to your throat, and place it very low in your mouth;

　　（3）The tip of your tongue touches the back of your bottom front teeth;

　　（4）Slightly move up your jaw until your mouth is almost closed;

　　（5）Relax your tongue, and push it forward.

3. 中文发音要领

　　（1）尽量张大嘴巴并将双唇收圆；

　　（2）舌头放平并拉向后方喉咙处，放低舌位；

(3)舌尖触碰下齿内侧；

(4)微微上抬下巴直至嘴巴仅微张；

(5)放松舌头并向前伸展。

4.实用发音指导

/ɔɪ/ 是一个双元音，由 /ɔ/ 和 /ɪ/ 构成，发音的重点在于从第一个元音向第二个元音的流畅过渡。发前面的元音 /ɔ/ 时，要把嘴巴尽量张大，让双唇形成一个饱满的圆形。/ɔ/ 的发音位置较低且靠后，因此要在口腔里把舌头放平并向后拉，能感觉到舌根在靠向喉咙，舌尖触碰下齿中部。随后过渡到 /ɪ/ 音，嘴型和舌位都要发生变化。微微上抬下巴，直至嘴巴仅微张；舌头稍稍放松，向前伸展。发音时要注意同时兼顾嘴型和舌位的变化。

5.口型图

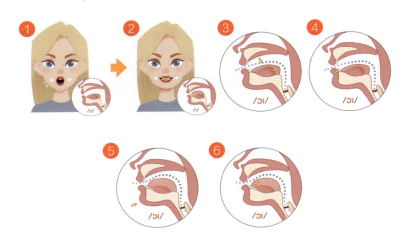

6. 单词

coin, soil, noise

(二) 字母 oy

1. 音素

/ɔɪ/

2. 英文发音要领

(1) Open your mouth as wide as possible, and round your lips;

(2) Flatten your tongue, pull it back to your throat, and place it very low in your mouth;

(3) The tip of your tongue touches the back of your bottom front teeth;

(4) Slightly move up your jaw until your mouth is almost closed;

(5) Relax your tongue, and push it forward.

3. 中文发音要领

(1) 尽量张大嘴巴并将双唇收圆；

(2) 舌头放平并拉向后方喉咙处，放低舌位；

(3) 舌尖触碰下齿内侧；

(4) 微微上抬下巴直至嘴巴仅微张；

(5) 放松舌头并向前伸展。

4.实用发音指导

/ɔɪ/ 是一个双元音，由 /ɔ/ 和 /ɪ/ 构成，发音的重点在于从第一个元音向第二个元音的流畅过渡。发前面的元音 /ɔ/ 时，要把嘴巴尽量张大，让双唇形成一个饱满的圆形。/ɔ/ 的发音位置较低且靠后，因此要在口腔里把舌头放平并向后拉，能感觉到舌根在靠向喉咙，舌尖触碰下齿中部。随后过渡到 /ɪ/ 音，嘴型和舌位都要发生变化。微微上抬下巴，直至嘴巴仅微张；舌头稍稍放松，向前伸展。发音时要注意同时兼顾嘴型和舌位的变化。

5.口型图

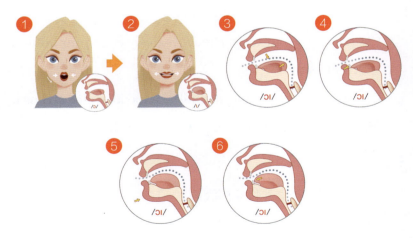

6.单词

boy, toy, soy

（三）字母 ou

1. 音素

/aʊ/

2. 英文发音要领

（1）Open your mouth as wide as possible, and relax your lips;

（2）Flatten your tongue, and place it very low in your mouth;

（3）The tip of your tongue touches the back of your bottom front teeth;

（4）Slightly move your jaw up until your mouth is almost closed;

（5）Pull the back of your tongue to your throat.

3. 中文发音要领

（1）尽量张大嘴巴并放松唇部；

（2）舌头放平并降低舌位；

（3）舌尖触碰下齿内侧；

（4）轻轻上抬下巴直至嘴巴仅微张；

（5）舌根向后拉，靠向喉咙。

4. 实用发音指导

/aʊ/ 是一个双元音，由 /a/ 和 /ʊ/ 构成，发音的重点在于从第一个元音向第二个元音的流畅过渡。发前面的元音 /a/ 时，要把嘴巴尽量张大，这样可以让我们更饱满地发出 /a/ 这个音，过程中保持唇部放松。/a/ 的发音位置较低，因此要在口腔里把舌头放平并降低舌位，舌尖触碰下齿中部。随后过渡到 /ʊ/ 音，嘴型和舌位都要发生变化。微微上抬下巴，直至嘴巴仅微张；舌根向后拉，靠向喉咙。发音时要注意同时兼顾嘴型和舌位的变化。

5. 口型图

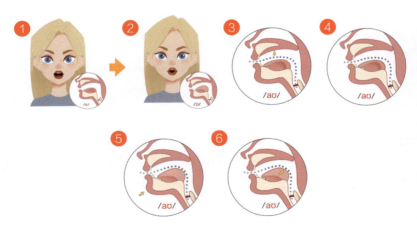

6. 单词

　　cloud, shout, loud

第六章 结语

自然拼读教学法因其趣味性及有效性，能够在儿童英语启蒙期吸引儿童注意力，激发学习兴趣，培养音素意识，为儿童后续的英语阅读打下坚实的基础。在自然拼读教学中，有哪些教学技巧可供学习呢？本章将以一节自然拼读课程设计为例，为教育者提供一些教学建议。

第一节　自然拼读教学建议

（一）教师在自然拼读法教学过程中一定要示范拼读的完整过程

教师在念清楚单独读音后，也要将如何连读的过程示范出来。比如"sit"这个单词，可以将三个字母分别写在三张纸上，按照顺序一张一张呈现在儿童面前，引导儿童自己对照着字母先念出单个读音，再慢慢拼读出一个完整的单词。

（二）每一个音素的发音要精准，不能多加音

比如"mat"里的/m/，不要发成类似于"么"的声音，这样的读法其实是错误的，嘴唇没有紧闭，末尾还带了一个拉长的元音混合在/m/的发音里。正确的发音应该是嘴唇抿紧，然后发出鼻音/en/的长音。如果将"mat"这个单词的拼音拆成了"么"——

"哎"——"特",儿童很难将其拼成正确发音/mæt/。这样不准确的发音会造成误解,也会影响儿童自行运用拼读法学习新的单词。

(三)重点展示拼读时的"过渡"

自然拼读的一大难点在于音素之间的连接,例如"drive"这个单词中有三个音素"dr-i-ve",如何把三个音素流畅地连接起来是老师需要教授的一个重点,要指导学生在过渡时不插入多余的音素,最终做到自然地连接。

(四)用动作教自然拼读

为了练习发音及其对应的单词(代表每个音的字母符号),每当儿童使用一个音时,就让他们做一个动作。例如,对于/z/,可以要求他们模仿蜜蜂("buzz")一样嗡嗡地飞来飞去。在教学中可以使用常规的动作,也可以和儿童一起自编动作。

(五)使用不同的声音来教自然拼读

教师示范一个声音,儿童模仿(Call-and-Response),是一个很好的方法,儿童能够学习哪些字词对应哪些声音并练习说出来。为了使教学更有趣,教师可以鼓励儿童使用不同的声音,如快乐的声音、悲伤的声音、困倦的声音或兴奋的声音等,也可以让儿童想象自己是一个机器人、一只吱吱叫的老鼠、一个可怕的巨人或一个童话故事中的公主。使用不同的声音教学能够吸引儿童的注意力,并加深其对于发音的印象。

(六)利用海报和真实的材料教学,多种输入方式结合

在教儿童个别字母的读音时,要尽量将所学的发音和字母结合起来呈现给儿童以帮助记忆,既有声音输入也有视觉输入。比如在教 /m/ 的发音时,要注意同时将字母"m"呈现给儿童,可以在材料上增加一些装饰帮助儿童联想到常用单词,比如把"m"字母画成一座山,让他们记得"mountain"这个词里的"m"就是发 /m/ 的音。教师在教字母"c"时,可以让儿童在教室海报上找到字母"c"并触摸它。另外,当老师在给儿童读故事时,也可以引导他们在故事书上找到学过的字母,通过与真实材料的结合帮助儿童复习所学的字母。

(七)尽量不要在单词旁边加入插画

在练习阅读绘本时使用图画是一个好方法,但在练习自然拼读时,最好不要大量使用图片元素。比如,当儿童尝试拼读单词"plum"的时候,旁边正好画了一个"plum"的图,那么儿童的注意力很容易分散到图画上,会记住"plum"是图里所示的水果,反而忽略了这个单词。反之,如果儿童读的是只有文字没有图片

的版本，那么他们就只需要完成一个单一的认知任务，也就是自然拼读。对于年龄稍大的学生来说，这样的练习更有针对性，效果也更好。

（八）通过阅读整本故事书练习自然拼读法

如条件支持，教师最好采购一些能够支持儿童练习自然拼读的故事书，帮助他们练习学到的单词发音和识记方法。这种书在内容上不需要特别丰富，但在难度上应能适应那些还不熟练自然拼读法、需要慢慢拼读的儿童的阅读速度。另外，完整阅读一本书的好处除了可以大量锻炼儿童的单词识读能力外，还能使他们在大声读出来的时候体会一些发音特征，比如语音语调的变化等。自然拼读最终服务于儿童的阅读能力培养，因此在引导他们读故事的时候，一些留有悬疑、调动情绪的部分可以鼓励儿童拉长读音或者采用升调，这些能力在读完整的故事时才能更好地得到锻炼。

（九）反复练习

反复练习非常重要。在儿童正式学习了大量字母组合和对应的发音后，一定要反复练习，加强记忆效果。家长或老师在带着儿童练习时，可以适当加快速度，出示字母闪卡，让儿童回答对应发音，回答得越快越好。对于一些不太符合常规的拼读音节，反复练习是最佳的加强记忆的办法。比如，一个音素不一定对应一个单独字母，也有可能是字母组合，比如"sh"字母组合的对应发音就是一个单独音/ʃ/。专家建议家长在家中各处标出含有这种双字母单个发音的词，让儿童反复识记，帮助他们尽快掌握发音规律。

第二节　自然拼读的应用与实践

为了更好地说明自然拼读在教学中的作用和实践意义，本章将以斑马英语的自然拼读教学为例进行具体探讨。

斑马英语是专为中国儿童设计的、提供系统性英语学习的 AI 互动内容。斑马英语目前设定 S1 至 S5 共 5 个级别的英语内容，前 3 个级别主要针对英语初学者设立，S4、S5 两个高级别则需要用户根据自身既往学习情况由低级别升入。基于每个课程阶段儿童的认知发展规律和英语水平，斑马英语从 S2 级别的系统课中开始进行自然拼读启蒙，并贯穿后续级别系统课。随着课程的升级，用户能够逐渐熟练掌握自然拼读规则并能够进一步加以运用，从而建立音素意识，高效积累词汇，最终实现自主阅读。

在斑马英语中，无论是自然拼读的大纲设计还是具体到每一个字母或字母组合的课程设计，都遵循本书第四章的五、六节中提到的自然拼读教学顺序六阶法：首先建立单个字母与其基本发音之间的自然联系，然后学习固定字母组合的发音，最终将不同字母组合拼读起来，建立认识规则—拼读单词的学习路径。斑马英语中自然拼读的课程设计根据大纲难度进行调整，每级别设置不同知识点、学习方法及题目考查方式，通过多环节、多角度的教学设计，帮助用户巩固、强化记忆。

一、大纲设计

　　基于每个阶段儿童的认知发展规律和英语水平，斑马英语从 S2 级别开始自然拼读启蒙并贯穿于后续级别中。斑马英语在各个级别设立了不同的教学目标，其中 S2 级别为自然拼读启蒙阶段，此阶段的教学目标为让用户熟悉 26 个英语字母所对应的字母基本音，建立字母与其自然发音的直接联系。因此，此阶段的教学内容包括短元音及单个辅音字母两大类。短元音为 5 个元音字母 a、e、i、o、u 所对应的基本音，单个辅音字母则基本根据字母表顺序进行教学。此外，斑马英语课程大纲在教习辅音字母时会建立如 b/p、d/t、f/v 等的最小对立组，将清辅音及与其对应的浊辅音放在一节课内进行教学，由于最小对立组内的两个辅音字母只有一个主要的语音特征存在差异，即发音时声带是否振动，因此该教学方式能够加深儿童对于辅音字母音素特征的认识，并提高教学效率。此阶段的教学目标重在帮助用户建立单个元音或辅音字母和字母自然发音之间的联系，为后续阶段学习更复杂的混合音如 br、bl，复合音如 ee、ea 等打下基础。

　　S3 级别自然拼读教学目标为带领儿童熟悉简单的拼读规则，初步将不同的字母拼起来，并扩充其他类别的字母组合。在前一级别学习了单个字母基本音的基础上，S3 级别自然拼读首先引导儿童拼读"元音 + 辅音"或"辅音 + 元音"等两两组合的字母，如连续拼读 ad、ap、ig 等元辅音组合，从两个字母出发，让用户切实感受到拼读的含义和规律，建立拼读意识。另外，此级别元音部分增加长元音（ee、ea、ai 等字母组合）和混合元音（oi、oy 等字母组合）的内容，辅音部分增加含有 l 的混合辅音（如 bl、cl、fl）和含有 r 的混合辅音（如 br、cr、pr）的内容。S3 阶段所教习的元音和辅音音素均建立在 S2 阶段已经学习过的单个字母音素基础上，为后续学习 S4 阶段难度更大的音素起到铺垫和衔接的作用。

S4 级别作为少儿英语学习中难度较高的级别，要求学生进一步掌握更多、更复杂的自然拼读字母组合，并尝试独立运用自然拼读规则读出简单单词的发音，为做到"见词能读"，大幅提升词汇积累和阅读能力打下基础。和前两个级别的课程相比，S4 阶段的自然拼读课程难度有了显著的提升。此阶段首先继续 S3 末尾的混合辅音学习，将自然拼读内容扩展至含有 s 的混合辅音（sk、st、sp）等。此类混合辅音中，s 后的辅音字母会出现发音变化，发音难度更高。此外，辅音部分还增加了 ch 和 th 两个复合辅音及 ck、ph、wh、kn 等较为特殊的整体拼读复合辅音字母组合。本阶段元音包含以 ow、ou 为代表难度较大的复合元音，这类元音字母组合要求学生能够在拼读时从前一字母发音自然过渡到后一字母发音。此外，还有以 ar、ir、or 为代表的带有 r 的元音，此类元音字母组合要求学生能够正确发出卷舌音，难度较高。

二、课程设计

斑马英语系统版中,每周一至周三为新知环节,周四为复习环节,周五为拓展型的外教直播环节。以 S4 级别为例,自然拼读教学内容在每周一进行重点教学,并融于当日课程全部环节(Word Time、Video Time、Speaking、Quiz Time 等)。每周一的视频课动画片中会固定插入自然拼读教学内容,将本课所学字母及字母组合拟人化(如图 6-1 所示),与视频中真人外教或动画人物发生互动,并在丰富多彩的课程场景及故事情节中组合、分离,生动地展示拼读的过程。此外,在视频课中,被拟人化的字母或字母组合会多次重复发音,在与其他字母组合构成单词后也会多次重复该单词的发音(如图 6-2 所示),让儿童在观看过程中建立字母和发音的联系并增强记忆,更进一步理解如何在单词拼读中运用本课学习的内容。在视频课的结尾,还会有一首将自拼

图 6-1 字母拟人化的展示

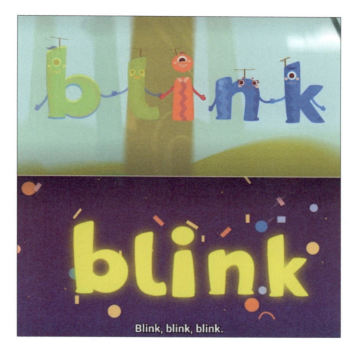

图 6-2　拼读过程的演示

字母及单词串联起来的儿歌,让儿童在跟唱的同时增强对字母和单词的记忆。

在每周一的课程中,会出现特别板块,自然拼读环节(Phonics Time),通过多样化的游戏方式(如砸彩蛋等)让儿童进一步练习本课所学的字母或字母组合,并练习其读音(如图6-3所示)。

另外，周一课程还会通过单词练习环节"Word Time"将所学习的字母和字母组合放入相关单词中进行多样化的学习。提醒儿童学习自然拼读的目的是高效地学习新单词并积累词汇，在跟读、复习单词的同时提高拼读能力（如图6-4所示）。

图 6-3 自然拼读环节

图 6-4 Word Time 里对自然拼读词汇的学习

三、自然拼读儿歌

前面我们提到，在斑马英语视频课环节的结尾，还会有一首将自然拼读字母及单词串联起来的儿歌。利用儿歌进行教学是斑马英语的特色，在自然拼读的教学环节里，富有韵律的儿歌融入自然拼读的字母或字母组合及含有它们的单词，让儿童在跟唱的同时不仅可以强化认知自然拼读发音和单词间的联系，也在不知不觉中自然而然地感受英文儿歌的韵律，在熏陶中培养语感。

自然拼读儿歌的编写内容往往依托于儿童喜爱的形象——公主、王子、小动物、同龄人等。一般会用短短的儿歌讲一个小故事，寓教于乐。自然拼读儿歌会在 S2—S4 阶段相应课程的 Chant Time 里呈现，伴随着音乐和可爱的动画，我们鼓励儿童跟着老师一起动起来，张开嘴巴，唱出自己所掌握的自拼内容。以下是部分儿歌展示。

> 字母a、b儿歌

An Ant and a Bird

a a ant
a a ant
ant ant ant
A hungry, hungry ant!
b b bird
b b bird
bird bird bird
A hungry, hungry bird!
a a ant
A happy, happy ant!
b b bird
A happy, happy bird!

> 字母 c、d 儿歌

The Dinosaur's Little Cup

c c cup
c c cup
A little red cup.
I'll drink it up.
d d dinosaur
d d dinosaur
A thirsty dinosaur.
A sad, thirsty dinosaur.
c c cup
d d dinosaur
"Help me, please!"
"Here you go!"

> 字母e、f儿歌

The Elf's Fan

e e e elf
e e e elf
e e e elf
A hot little elf.
f f f fan
f f f fan
f f f fan
A big cool fan.
e e e elf
A cool little elf.
f f f fan
A big useful fan.

> 字母g、h儿歌

The Girl and the Hippo

g g girl
g g girl
The girl is slim.
She can't swim.
h h hippo
h h hippo
The hippo can help.
The girl rides him.
g g girl
girl girl girl
h h hippo
hippo hippo hippo

> 字母 i、j 儿歌

Yummy Jello

i i ill
i i ill
The dog is ill.
It needs a pill.
j j jello
j j jello
Jello is yummy.
A happy, happy tummy.
i i ill
i i ill
The dog is ill.
It needs a pill.
j j jello
j j jello
Jello is yummy.
A happy, happy tummy.

字母 k、l 儿歌

The Tall Ladder

k k kiss
k k kiss
Kiss the pig.
It's too big!
l l ladder
l l ladder
The ladder is tall.
Please don't fall!
k k kiss
k k kiss
Kiss the sky.
It's too high!
l l ladder
l l ladder
The ladder is tall.
Please don't fall!

字母 m、n 儿歌

Catch That Mouse!

m m mouse
m m mouse
Catch that mouse!
It's in my house!
In the bed?
In the bed?
n nod
n nod
Yes, it is.
m m mouse
m m mouse
Catch that mouse!
It's in my house!
Eating bread?
Eating bread?
n nod
n nod
Yes, it is.

字母o、p儿歌

The Race

o o ostrich
o o ostrich
p p parrot
p p parrot
The ostrich can run.
The parrot can fly.
The ostrich is fast.
The parrot is last.
o o ostrich
o o ostrich
p p parrot
p p parrot
The ostrich can run.
The parrot can fly.
The ostrich is fast.
The parrot is last.

字母q、r儿歌

Do You Know?

q q quesiton
q q question
question question
A question for you.
A question for me.
I am ready.
Ask me please!
r r rainbow
r r rainbow
rainbow rainbow
Where is the rainbow?
Do you know?
Look up high!
It's in the sky!

字母 s、t 儿歌

Let's Go Sailing!

s s sail
s s sail
sail sail sail
Sail on the sea!
Come with me!
t touch
t touch
touch touch touch
Touch a fish.
Make a wish.
s sail
s sail
sail sail sail
I like to sail.
Look at the whale.

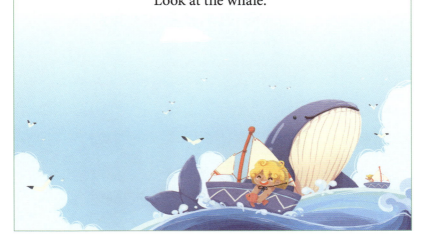

> 字母v、u儿歌

Will You Listen?

v v violin
v v violin
I can play the violin.
Will you listen?
u u umbrella
u u umbrella
There's a cloud in the sky.
Umbrellas can keep me dry.
v v violin
v v violin
I can play the violin.
Will you listen?
u u umbrella
u u umbrella
There's a cloud in the sky.
Umbrellas can keep me dry.

> 字母 x、w 儿歌

The Fairy Can Fix It!

x x fix
x x fix
Oh no, my mitt!
I must fix it.
w w wand
w w wand
The fairy's at the pond.
She has a wand.
x x fix
x x fix
Oh no, my mitt!
I must fix it.
w w wand
w w wand
The fairy's at the pond.
She has a wand.

> 字母y、z儿歌

Playing Chess

y y y y yell
y y y y yell
Let's play chess.
Just yell yes!
Let's play chess.
Just yell yes!
z z z z zebra
z z z z zebra
On the zebra's back.
It's white and black.
On the zebra's back.
It's white and black.

> 字母组合 sh 儿歌

The Goldfish's Wish

s h sh
sh sh sh
sh sh sh
sh shell
shell shell shell
sh goldfish
goldfish goldish goldfish
The goldfish lives in a nice space.
A rock and shell are in this place.
He wants just one more thing.
One day he wants to be a king.

> 字母组合 ch 儿歌

The Chick's Trick

c h ch
ch ch ch
ch ch ch
ch chick
chick chick chick
ch child
child child child
A child wants to pick a peach.
It's too high for him to reach.
Here comes a little chick.
Wow! What an amazing trick.

> 字母组合 th 儿歌

Running from Thunder

t h th
th th th
th th th
th thunder
thunder thunder thunder
th thumb
thumb thumb thumb
Thunder is one of my fears.
I put my thumbs in my ears.
Down the path, I run and run.
Thunder isn't so much fun.

字母组合 br 儿歌

Painting the Town

br br brown
br br brown
Everything is **br**own.
What a big town!
br br brick
br br brick
Everyone, come quick!
Let's pain the **br**icks!
br br brown
br br brown
Everything is **br**own.
What a big town!
br br brick
br br brick
Everyone, come quick!
Let's pain the **br**icks!

> 字母组合 pr 儿歌

In France

pr pr princess
pr pr princess
The **pr**incess wears a dress.
She likes to look her best.
pr pr prince
pr pr prince
She meets a **pr**ince in France.
What them dance!
pr pr princess
pr pr princess
The **pr**incess wears a dress.
She likes to look her best.
pr pr prince
pr pr prince
She meets a **pr**ince in France.
What them dance!

> 字母组合 cr 儿歌

The Princess's Baby

cr cr crown
cr cr crown
The princess wears a **cr**own.
She dresses in her gown.
cr cr crib
cr cr crib
Her baby wears a bib.
He sleeps in a **cr**ib.
cr cr crown
cr cr crown
The princess wears a **cr**own.
She dresses in her gown.
cr cr crib
cr cr crib
Her baby wears a bib.
He sleeps in a **cr**ib.

字母组合 tr 儿歌

The Moles

tr tr tractor
tr tr tractor
A tractor's on the farm.
It's covered in charms.
tr tr trap
tr tr trap
There are many moles.
Put traps by their holes.
tr tr tractor
tr tr tractor
A tractor's on the farm.
It's covered in charms.
tr tr trap
tr tr trap
There are many moles.
Put traps by their holes.

> 字母组合dr儿歌

The Dream

dr dr drive
dr dr drive
I drive so fast.
I'm such a blast!
dr dr dream
dr dr dream
There's a sunbeam.
It was just a dream!
dr dr drive
dr dr drive
I drive so fast.
I'm such a blast!
dr dr dream
dr dr dream
There's a sunbeam.
It was just a dream!

> 字母组合 bl 儿歌

Hanging Laundry

bl bl blouse
bl bl blouse
Hang up the blouse.
Hang it by the house.
bl bl blow
bl bl blow
The strong wind blows.
Oh no! Oh no!
bl bl blouse
bl bl blouse
Hang up the blouse.
Hang it by the house.
bl bl blow
bl bl blow
The strong wind blows.
Oh no! Oh no!

> 字母组合 pl 儿歌

Playing in the Garden

pl pl plant
pl pl plant
Let's **pl**ant seeds.
The seeds are green.
pl pl play
pl pl play
Come on! Let's **pl**ay!
Spray, spray, spray!
pl pl plant
pl pl plant
Let's **pl**ant seeds.
The seeds are green.
pl pl play
pl pl play
Come on! Let's **pl**ay!
Spray, spray, spray!

字母组合 cl 儿歌

My Doll's Closet

cl cl closet
cl cl closet
Her closet is big.
She even has a wig.
cl cl clothes
cl cl clothes
What should she wear?
The dress with a bear!
cl cl closet
cl cl closet
Her closet is big.
She even has a wig.
cl cl clothes
cl cl clothes
What should she wear?
The dress with a bear!

> 字母组合 fl 儿歌

Flying High

fl fl fly
fl fl fly
I like to fly.
I fly in the sky.
fl fl flag
fl fl flag
Watch where you fly!
A flag is in the sky!
fl fl fly
fl fl fly
I like to fly.
I fly in the sky.
fl fl flag
fl fl flag
Watch where you fly!
A flag is in the sky!

> 字母组合 sk 儿歌

The Ship

s k sk
sk sk sk
sk sk sk
sk skunk
skunk skunk skunk
sk skip
skip skip skip
The skunk and the skeleton skip.
They skip on a ship.
The wind blows the sail.
"Look! There's a whale!"

> 字母组合 sp 儿歌

A Spider in Space

s p sp
sp sp sp
sp sp sp
sp spider
spider spider spider
sp spin
spin spin spin
The spider waits up high.
It wants to catch a fly.
Wind hits the spider in its face.
It spins the spider into space.

> 字母组合 st 儿歌

Stomp, Stomp, Stomp

s t st
st st st
st st st
st stomp
stomp stomp stomp
st stop
stop stop stop
Stomp! Stomp! Turn around!
We're on stage. Let's break it down!
Don't stop! Let the music play!
We're going to stomp all day!

> 字母组合 sw 儿歌

Let's Swing!

What shall we do today?
sw sw sw sw sw
swing swing swing swing
I want to swing! Let's go!
sw sw sw
swamp swamp swamp
How can we cross the swamp?
Swim? Swim?
No way! The swamp's not safe.
Let's think!
sw sw sw swan
swan swan swan
Let's ride the swan!
Woohoo!
Thank you, Swan!
Now let's swing!
swing swing swing
Hooray!

字母组合 ai 儿歌

The Sandcastle

ai ai p**ai**l
ai ai p**ai**l
The p**ai**l is full of sand.
My castle looks grand.
ai ai w**ai**t
ai ai w**ai**t
Let's sit and w**ai**t.
This is great!
ai ai p**ai**l
ai ai p**ai**l
The p**ai**l is full of sand.
My castle looks grand.
ai ai w**ai**t
ai ai w**ai**t
Let's sit and w**ai**t.
This is great!

> 字母组合 ay 儿歌

The Jay's Nest

ay ay jay
ay ay jay
Look at the jay.
She's blue and gray.
ay ay hay
ay ay hay
Here's a next, jay.
It's made of hay.
ay ay jay
ay ay jay
Look at the jay.
She's blue and gray.
ay ay hay
ay ay hay
Here's a next, jay.
It's made of hay.

字母组合 a_e 儿歌

Baking a Cake

a_e a_e bake
a_e a_e bake
I can bake.
I'm baking a cake.
a_e a_e game
a_e a_e game
This game is fun.
Look, I won!
a_e a_e bake
a_e a_e bake
I can bake.
I'm baking a cake.
a_e a_e game
a_e a_e game
This game is fun.
Look, I won!

> 字母组合 ee 儿歌

Watch Out for That Peel!

ee ee seesaw
ee ee seesaw
I can draw.
It's a seesaw.
ee ee peel
ee ee peel
I'm making a meal.
What out for the peel!
ee ee seesaw
ee ee seesaw
I can draw.
It's a seesaw.
ee ee peel
ee ee peel
I'm making a meal.
What out for the peel!

> 字母组合 ea 儿歌

On the Beach

ea ea peach
ea ea peach
We sit on the beach.
Pass me a peach.
ea ea meat
ea ea meat
What will you eat?
I'll eat some meat.
ea ea peach
ea ea peach
We sit on the beach.
Pass me a peach.
ea ea meat
ea ea meat
What will you eat?
I'll eat some meat.

字母组合 i_e 儿歌

Zig Zag Zig!

i_e i_e ride
i_e i_e ride
Ride down the hill.
It's a thrill!
i_e i_e pipe
i_e i_e pipe
The pipes are big.
Zig zag zig!
i_e i_e ride
i_e i_e ride
Ride down the hill.
It's a thrill!
i_e i_e pipe
i_e i_e pipe
The pipes are big.
Zig zag zig!

字母组合 o_e 儿歌

My Pets

o_e o_e rope
o_e o_e rope
This is Hope.
She's climbing a rope.
o_e o_e bone
o_e o_e bone
This is Joan.
She's holding a bone.
o_e o_e rope
o_e o_e rope
This is Hope.
She's climbing a rope.
o_e o_e bone
o_e o_e bone
This is Joan.
She's holding a bone.

> 字母组合 oa 儿歌

The Wet Toad

o a oa
oa oa oa
oa oa oa
oa road
road road road
oa cloak
cloak cloak cloak
There's rain on the road.
I see a wet toad.
I put it in my cloak.
Now it won't get soaked!

> 字母组合 ow 儿歌

The Bow and Arrow

o w ow
ow ow ow
ow ow ow
ow crow
crow crow crow
ow bow
bow bow bow
There's something in the tree.
What could it be?
I use my bow and arrow.
It was just a black crow.

字母组合u_e儿歌

My Mule's Boots

u_e u_e mule
u_e u_e mule
My mule is cool.
I ride it to school.
u_e u_e cute
u_e u_e cute
It wears four boots.
It's so cute!
u_e u_e mule
u_e u_e mule
My mule is cool.
I ride it to school.
u_e u_e cute
u_e u_e cute
It wears four boots.
It's so cute!

> 字母组合ar儿歌

My Garden

a r ar
ar ar ar
ar ar ar
ar sharp
sharp sharp sharp
ar garden
garden garden garden
My garden has so many plants.
It's a fun place for a dance.
There's an arrow. There's a harp.
Be careful! That thing is sharp!

字母组合 ir 儿歌

The Baby Chicks

i r ir
ir ir ir
ir ir ir
ir skirt
skirt skirt skirt
ir chirp
chirp chirp chirp
Look at these two baby chicks.
They like to chirp and peck at sticks.
They one is a little girl!
She likes to wear her skirt and twirl.

字母组合 or 儿歌

Thorny Roses

o r or
or or or
or or or
or sword
sword sword sword
or thorn
thorn thorn thorn
I pull some roses from the dirt.
There are thorns! They really hurt!
I use my sword to cut them off.
Now the stems are nice and soft.

> 字母组合 oi 儿歌

The Claw Machine

oi oi coin
oi oi coin
Use a coin to pay.
You got it Hooray!
oi oi point
oi oi point
Point to a cat.
I want that!
oi oi coin
oi oi coin
Use a coin to pay.
You got it Hooray!

> 字母组合 oy 儿歌

The Birthday Boy

oy oy boy
oy oy boy
You're the birthday boy!
Here's a new toy!
oy oy joy
oy oy joy
Joy, joy, joy!
You're the birthday boy!
oy oy boy
oy oy boy
You're the birthday boy!
Here's a new toy!
oy oy joy
oy oy joy
Joy, joy, joy!
You're the birthday boy!

字母组合 ou 儿歌

The Jump

o u ou
ou ou ou
ou ou ou
ou crouch
crouch crouch crouch
ou proud
proud proud proud
I have a dream to go far.
I will make it to the stars!
I crouch and jump over the stump.
I'm so proud of that great jump!

> 字母组合 ue 儿歌

The Broken Bowl

u e ue
ue ue ue
ue ue ue
ue glue
glue glue glue
ue blueberry
blueberry blueberry blueberry
I have a bowl of red cherries.
I have some yummy blueberries.
I drop my bowl! What should I do?
I can fix it with some glue!

> 字母组合 ui 儿歌

My New Suit

u i ui
ui ui ui
ui ui ui
ui suit
suit suit suit
ui bruise
bruise bruise bruise
Have a look at my new suit.
It's pink. Isn't it cute?
I trip over my big shoes.
Now I have a purple bruise.

字母组合 oo 儿歌

The Bamboo Playroom

o o oo
oo oo oo
oo oo oo
oo playroom
playroom playroom playroom
oo bamboo
bamboo bamboo bamboo
The playroom has toys.
It brings me lots of joy.
It's made out of bamboo.
You can play here, too.

四、自然拼读练习

斑马英语除了在自然拼读学习环节设置多种情境增强用户对新知识的记忆之外，还针对不同级别、不同知识点设计了完整的测试题目，全面考查当日课程的知识点。斑马英语根据艾宾浩斯遗忘曲线，在 S2—S4 级别自然拼读课程每周一、周四的测验环节（Quiz Time）中，固定设置自然拼读相关知识点考查环节，并在单元测（即每月最后一天的单词测试）中同样设置自然拼读相关题目，让学生在不同时间点多次复习巩固，以达到最佳学习效果。

前述环节涉及的题型包括听音节选自然拼读规则、单词补全、跟读、听音节选图片、听词选自然拼读、自然拼读连线等。通过不同题型的练习，学生掌握自然拼读所需要的三种能力——"认读规则""拼读单词"和"拆分单词"都能得到培养和拓展。其中，"认读规则"即字母或字母组合与其所代表的音素之间的对应规则，是否具有该能力可以通过听音节选自拼规则这类题型进行直观考查。"拼读单词"能力，即学生将不同字母及字母组合拼成一个单词并读出其正确发音的能力。跟读类题型旨在培养学生的拼读能力，学生能够跟随北美外教发音体会拼读过程。最后，"拆分单词"能力，即学生能够在看到一个陌生单词时，认出其中学过的较为熟悉的字母及字母组合，并回想所学的字母组合发音，最终成功拼读新的单词，自主读词。如果把一个完整的单词比作一个搭好的积木，那么"拼读单词"和"拆分单词"就分别指的是学生在熟悉单个部件后将它们搭成一个完整积木和熟知积木结构后将其部件完全拆分的能力。测验环节里听音节选图片（如图6-5所示）、听词选自然拼读等题型即是针对性地培养这种"拆分"的能力。

基于用户大数据和人工智能技术，在自然拼读跟读等语音相关练习中，斑马英语的语音测评能够将单词拆分到音素，跟踪用户的错误发音音素，并通过口语测评技术了解并记录学生在单词学习和测试环节中的发音表现，根据学生的发音表现，在之后课程的测试环节安排学生反复练习读错过的单词和句型，针对错误加强输入。非口语相关的做题数据也会由系统精确记录，经由人工智能分析后向学生提供"量身定制"的学习内容和练习建议。

图6-5　测验环节中的听词选自拼

在 App 之外，还有辅导老师和课程随材等资源支持学生在课程之外继续学习。斑马英语会每天生成学习报告，辅导老师将针对学习报告给予专业指导和学习建议。同步的课程随材和自然拼读课程相互配合，绘本中有使用自然拼读字母或字母组合相关词汇写成的故事，在随材练习册里也会有自然拼读相关的题目（如图 6-6 所示）。通过听取辅导老师的点评并利用课程随材进行自主学习，学生在课堂之外也能够随时查漏补缺，进一步巩固强化自己的学习成果。

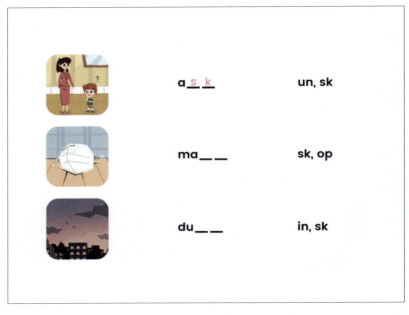

图 6-6　随材练习册中的自然拼读题目

五、用户数据

为验证斑马英语的自然拼读教学顺序和习题设计的科学性和有效性，我们提取了自 2020 年 1 月以来，斑马英语 S3 级别所有 5—9 岁用户在每周一 Quiz 环节作答自然拼读题目的首次三星率[1]。这些用户的答题信息如表 6-1 所示。在统计过程中，我们将 S3 所学的自然拼读字母及字母组合知识点按照本书对于自拼教学内容的分类方法分为 6 类——短元音、辅音、复合辅音、长元音、复合元音、元辅音组合，用户在 Quiz Time 环节接触的 5 种主要不同题型——听词选自然拼读、听音节选规则、自然拼读跟读题、听音节选图、连线题中的平均三星率如表 6-1 所示。此外，6 种不同字母及字母组合在 5 种题型中平均三星率的分布如图 6-7 所示。

表 6-1　S3 级别用户自拼题目平均三星率

	短元音	辅音	复合辅音	长元音	复合元音	元辅音组合
听词选自拼	91%	93%	92%	87%	95%	95%
听音节选规则	85%	92%	92%	89%	94%	91%
自拼跟读题	69%	75%	41%	66%	50%	72%
听音节选图	89%	92%	94%	88%	78%	96%
连线题	80%	82%	72%	69%	70%	69%

1　在斑马题目设计中，"三星"即在题目中得到满分。首次三星率代表学生作答题目的正确率，计算公式为首次作答题目得三星的人数除以总作答人数。

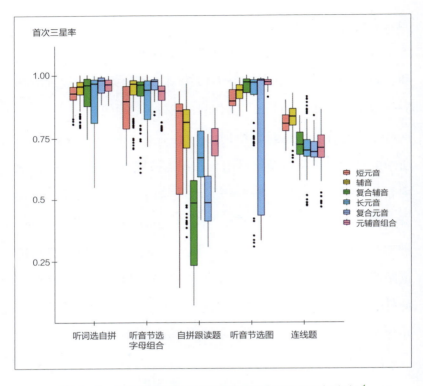

图 6-7 不同知识点在各题型上的首次三星率分布[1]

（一）自然拼读教学顺序的科学性

由图 6-7 可以看出，将用户所学的自然拼读字母或字母组合按6种知识点分类聚合时，在短元音、复合辅音、复合元音三类上，

---

[1] 以最左侧箱形为例，箱形代表知识点"短元音"在题型"听词选自拼"上的得分分布，箱型中的横线代表得分中位数。黑点代表异常值。

低分用户和该知识点在某一特定题型上的得分中位数差距较大，意味着这几类知识点，学生得分两极分化较大，低分用户较多。通过分析发现，在跟读题中，短元音得分低于中位数的字母是"o"和"i"，而复合辅音和复合元音则整体得分较低。短元音字母"o""i"（在自然拼读中发音分别为 /ɑ/、/ɪ/），这两种元音用户得分较低的结果与斑马教研中心进行的"儿童英语语音习得研究"（以下简称"习得研究"）调查结果一致，即元音 /ɑ/、/ɪ/ 在各省儿童的发音错误率排名中均排在较前的位置。此外，在斑马的自然拼读大纲中，复合元音包括字母组合"oi"和"oy"（在自然拼读中发音为 /ɔɪ/）。复合元音这个知识点用户得分较低与"习得研究"中发现的 2—8 岁的中国各省儿童发音错误率最高的元音音素都是复合元音 /ɔɪ/ 这一特点一致。因此，现行的斑马自然拼读教学大纲将复合元音和复合辅音整体都设置在 S3 级别课程的末尾，符合从易到难、由浅入深、难度螺旋递增地安排教学内容的理念。

（二）自然拼读题型设置的必要性

除了不同知识点难易度对比之外，我们还能从图 6-7 中观察到用户在不同自然拼读题型下的做题表现。其中，听词选自然拼读、听音节选规则和听音节选图三种题型旨在培养用户基础的拼读认知能力，与自然拼读教学目的的联系最为直接。在这三种题型中，用户的表现整体稳定，即使自然拼读所学知识点难度呈递增趋势，在这三类题型上学生的首次三星率也基本都达到80%以上（见表6-1）。

得分较低的两种题型分别是自然拼读跟读题和连线题。这两种题型旨在拓展学生除基础拼读能力之外的较为高阶的能力。跟读题除考查学生对于自然拼读规则的掌握程度之外，也考查了学生对单词发音的掌握程度。该题型需要用AI评判学生的语音数据，相较选择题来说得分偏低。自然拼读跟读题鼓励并要求学生开口，确保学生在学会自然拼读规则的基础上，单词发音更标准。另外，连线题在教习自然拼读音素的同时，强化了音素及含有这些音素的单词之间的联系，帮助学生从单纯的音素习得逐步过渡到利用自然拼读规则进行词汇积累。

综上所述，用户得分数据的分布证明五种题型的设计充分体现了题目难度呈阶梯排布的特点，且不同的题型侧重点不同，搭配组合较为合理。多种题型的组合也能在检验学生基础自然拼读能力的同时鼓励学生举一反三，逐步掌握高阶能力。

附录　名词解释

1. 音素

音素（phoneme）是人类语言中能够区别意义的最小声音单位。音素分为元音与辅音两大类。

2. 音节

音节（syllable）是单个元音音素和辅音音素组合发音的最小语音单位，单个元音音素也可自成音节。例如，英语单词"diploma"由三个音节组成，可标记为"di-plo-ma"。

3. 国际音标

国际音标（International Phonetic Alphabet）是一套用来标音的系统，以拉丁字母为基础，由国际语音学学会设计来作为口语声音的标准化标示方法。国际音标的使用者有语言学家、言语治疗学家、外语教师、歌手、辞书学家和翻译学家等人。国际音标严格规定以"一音一符，一符一音"为原则，即"一个音素一个符号，一个符号一个音素"。

4. 元音

元音（vowel）是音素的一种，与辅音相对。元音是在发音过程中气流通过口腔而不受阻碍发出的音。发元音时，气流从肺部通过声门冲击声带，使声带发出均匀振动，然后气流不受阻碍地通过口腔，通过舌、唇的调节而发出不同的声音。

5. 辅音

辅音（consonant）是气流在口腔或咽头受到阻碍而形成的音。发音时气流会受到发音器官的各种阻碍，声带不一定振动且不够清晰响亮的音素叫辅音。

6. 口音

口音（accent）又称腔调。16岁以下的人群可以通过学习从小习得口音（12岁以下效果最好，16岁以下比12岁弱），因此口音可以反映人的出生地区或社会背景。

参考文献

[1] 林焘, 王理嘉. 语音学教程 [M]. 北京：北京大学出版社, 1992.

[2] 宋振华. 近十年国内自然拼读法研究综述 [J]. 校园英语, 2017(45): 238.

[3] 孙莹. 英语口音的身份建构功能研究 [D]. 长春：吉林大学, 2018.

[4] 佟钗宏. 自然拼读法和国际音标在英语教学中的应用比较 [J]. 现代交际, 2016(24): 192-193.

[5] 语言学名词审定委员会. 语言学名词 [M]. 北京：商务印书馆, 2011.

[6] ADAMS M J. Why not phonics and whole language[J]. All language and the creation of literacy, 1991: 40-53.

[7] BECK I L, BECK M E. Making sense of phonics: The hows and whys[M]. New York: Guilford Publications, 2013.

[8] BLEVINS W. Phonics from A to Z: A practical guide[M]. New York: Scholastic Inc, 1998.

[9] BOBERG C. "Standard Canadian English". In Hickey, Raymond (ed.). Standards of English: Codified Varieties Around the World[M]. Cambridge: Cambridge University Press, 2004.

[10] BRAMLETT M. "Author explores white male anger in Middle America". Claremont Courier[EB/OL]. (2016-04-04) [2020-11-30]. https://www.claremont-courier.com/articles/news/t18774-men.

[11] CARLEY H. Phonics or the Alphabet? Which is More Favorable for Japanese Students Who are Beginning to Study English in a Classroom Setting[J]. 言語文化研究, 2018, 38(1): 157-177.

[12] CHALL J S. The great debate[C]. New York: McGraw-Hill, 1967.

[13] CRUTTENDEN A. Gimson's Pronunciation of English[M]. London: Routledge, 2014.

[14] ERIN C. "British is professional, American is urban": Attitudes towards English reference accents in Spain[J]. International Journal of Applied Linguistics, 2017, 27(2): 427–447.

[15] FOX B J. Strategies for Word Identification: Phonics from a New Perspective[M]. New Jersey: Prentice Hall, 1996.

[16] HARBECK J. Why is Canadian English unique? [N/OL]. BBC Culture, 2015-08-20 [2020-12-01]. https://www.bbc.com/culture/article/20150820-why-is-canadian-english-unique.

[17] International Phonetic Association. Handbook of the International Phonetic Association: A Guide to the Use of the International Phonetic Alphabet[M]. Cambridge: Cambridge University Press, 1999.

[18] KACHRU B B. The alchemy of English: The spread, functions, and models of non-native Englishes[M]. Illinois: University of Illinois Press, 1986.

[19] KÖVECSES Z. American English: An Introduction[M]. Peterborough: Broadview Press, 2000.

[20] KRETZSCHMAR A Jr. "Standard American English pronunciation". In Schneider, Edgar W.; Burridge, Kate; Kortmann, Bernd; Mesthrie, Rajend; Upton, Clive (eds.). A Handbook of Varieties of English. Volume 1: Phonology[M]. Berlin: Mouton de Gruyter, 2004.

[21] LABOV W, ASH S, BOBERG C. The Atlas of North American English[M]. Berlin: Mouton de Gruyter, 2006.

[22] LADGEFOGED P, DISNER S F. Vowels and consonants[M]. New Jersey: John Wiley & Sons, 2012.

[23] LIPPI-GREEN R. English with an Accent: Language, Ideology, and Discrimination in the United States[M]. New York: Routledge, 1997.

[24] MCWHORTER J H. Word on the Street: Debunking the Myth of a "Pure" Standard English[M]. New York: Basic Books, 1998.

[25] NOSOWITZ D. Is There a Place in America Where People Speak Without Accents?. Atlas Obscura[EB/OL]. (2016-08-23) [2020-12-24]. https://www.atlasobscura.com/articles/is-there-a-place-in-america-where-people-speak-without-accents.

[26] NUTTALL C. Teaching reading skills in a foreign language[M]. New Hampshire: Heinemann, 1996.

[27] PEARSON P D, JOHNSON D D. Teaching reading comprehension[M]. New York: Holt, Rinehart & Winston, 1978.

[28] RICE J M. Scientific management in education[M]. Kentucky: Publishers Printing Company, 1913.

[29] RODGERS G E. The History of Beginning Reading: From Teaching by Sound to Teaching by Meaning (Vol. 1) [M]. Indiana: Author House, 2001.

[30] SHANAHAN T, BECK I L. Effective Literacy Teaching for English-Language Learners. In D. August & T. Shanahan (eds.), Developing literacy in second-language learners: Report of the National Literacy Panel on Language-Minority Children and Youth[M]: 415 - 488. New Jersey: Lawrence Erlbaum Associates Publishers, 2006.

[31] SÖDERLUND M, MODIANO M. Swedish upper secondary school students and their attitudes towards AmE, BrE, and Mid-Atlantic English[J]. Studies in Mid-Atlantic English, 2002: 147-171.

[32] TIOUKZLIAS K. Standard English versus General American-Which Variety is Preferred in Swedish Classrooms? [Z]. C-level Essay, 2010.

[33] VAN R, WILLIAM R. General American: An Ambiguity. In Allen, Harold B.; Linn, Michael D. (eds.). Dialect and Language Variation[M]. Amsterdam: Elsevier, 2014.